Hrsg. Bodensee-Schiffsbetriebe GmbH

Klaus Scherff

Die Bodensee-Schiffsbetriebe

Von den Anfängen bis heute

ifu – verlag regionalkultur

Danksagung

Autor und Verlag danken Karl F. Fritz, Konstanz
für seine tatkräftige Mitarbeit an diesem Buch.

Bibliografische Information der Deutschen Bibliothek:
Die Deutsche Bibliothek verzeichnet diese Publikation in der Deutschen Nationalbibliografie; detaillierte bibliografische Daten sind im Internet über http://dnb.ddb.de abrufbar.

Herausgeber:	Bodensee-Schiffsbetriebe GmbH
Herstellung:	verlag regionalkultur
Lektorat, Redaktion und Satz:	Jürgen Weis, vr
Umschlaggestaltung:	Sven Wagner/Cornelia Böhm, vr
Endkorrektur:	Tina Zimmermann, Bruchsal

ISBN 3-89735-287-7

Korrespondenzadresse:
Stettfelder Straße 11 • 76698 Ubstadt-Weiher • Telefon (07251) 69723 • Fax 69450
e-mail: kontakt@verlag-regionalkultur.de • Internet: www.verlag-regionalkultur.de

Vorwort

„Die Bodensee-Schiffsbetriebe: Von den Anfängen bis heute" – das ist eine lange und spannende Geschichte, die nun von Klaus Scherff in diesem Buch vorgelegt wird. Es ist eine lange Geschichte, weil die Geburtsstunde der Bodensee-Schiffsbetriebe GmbH, kurz BSB, auf das Jahr 1824 zurückgeführt wird. Die deutsche Bodenseeschifffahrt besteht somit inzwischen schon seit 180 Jahren.

Angefangen hat die erste regelmäßige Schiffsverbindung noch in den Zeiten der Monarchie – König Wilhelm I. von Württemberg war Mitinitiator beim Bau des ersten Dampfschiffes für den Bodensee. Der Glattdeckdampfer „Wilhelm" mit Holzrumpf wurde ab 1824 zwischen Friedrichshafen und Rorschach/Romanshorn eingesetzt.

„Die Bodensee-Schiffsbetriebe: Von den Anfängen bis heute" ist also auch eine spannende Geschichte, die zu Kaiserzeiten begann, die eine Diktatur und zwei Weltkriege überlebte, wirtschaftliche Blütezeiten und auch Rezessionen durchmachte. Nicht nur die politische und wirtschaftliche Geschichte der letzten 180 Jahre Bodenseeschifffahrt ist sehr bewegt, sondern ganz besonders auch die technische Entwicklung in dieser Zeit. Mit Dampf und Schaufelrädern wurden die ersten Schiffe betrieben – heute ist auf innovative Technologien wie Voith-Schneider-Propeller und Hochleistungsdieselmotoren von MTU Verlass.

Und die Geschichte hört nicht auf. Vor einem Jahr haben die Bodensee-Schiffsbetriebe wiederum einen entscheidenden Schritt in ihrer Entwicklung erlebt. Nachdem die bisherige Eigentümerin, die Deutsche Bahn AG, sich dazu entschlossen hatte, sich mehr und mehr auf ihr Kerngeschäft zu konzentrieren, wurde die BSB an die Stadtwerke Konstanz GmbH veräußert. Seit 15. Mai 2003 hat die 100-Prozent-Tochter der Stadt Konstanz die operative Leitung der Schifffahrtsbetriebe übernommen, die ihren Hauptsitz und Hafen seit jeher in Konstanz hat. Es ist also zusammengeführt worden, was örtlich sowieso schon zusammengehörte. Denn auch die Stadtwerke Konstanz GmbH be-

Dipl.-Betriebswirt Kuno Werner, Geschäftsführer der Bodensee-Schiffsbetriebe GmbH, Konstanz, sowie Vorsitzender der Vereinigten Schifffahrts-Unternehmen für Bodensee und Rhein

treiben seit 1928 erfolgreich die Fährverbindung zwischen Konstanz und Meersburg.

Lesen Sie in diesem Buch von Klaus Scherff die aufregende Geschichte der Bodensee-Schiffsbetriebe, die mit dem Experiment des ersten Dampfschiffs begann und bis zur heutigen BSB führt. Die Weiße Flotte hat heute knapp drei Millionen Fahrgäste im Jahr an Bord und ist vom Bodensee für Einheimische und Touristen nicht mehr wegzudenken.

Konstanz im Juli 2004

Kuno Werner

Inhalt

Weite und Schönheit des Bodensees kommen auf dieser Aufnahme gut zur Geltung. „Man hat fast das Gefühl, auf der Ostsee zu fahren" – wie es im Buch heißt. (BSB-Archiv: Nesper)

Eine Schiffsfahrt mit anschließendem Stadtbummel lässt sich in Konstanz besonders leicht kombinieren, im Hintergrund der Hafen mit MS „Graf Zeppelin". (BSB-Archiv)

Einführung

Immer, wenn Menschen zusammenkommen und den Bodensee als Reiseziel besprechen, ist man sich schnell einig: Seine weiten Uferbereiche, die verschiedenartigen Städte und Ortschaften an seinen Gestaden sowie das ganze Wesen dieser lieblichen Landschaft genießt der Besucher am besten von der glitzernden Wasseroberfläche selbst! Mit anderen Worten: von einem der Bodenseeschiffe.

Diese schneeweißen, an der Schweizer, deutschen und österreichischen Küste des „Schwäbischen Meeres" stationierten Ausflugsschiffe sowie eine immer wieder prickelnde Atmosphäre der Internationalität sorgen dafür, dass sich der Passagier an Bord nicht nur wohl fühlt – sondern auch etwas erlebt! Etwas, das nicht in Worte zu fassen, aber doch nahe ist: das Flair des Besonderen, das man nur auf einem Bodenseeschiff richtig spürt.

Denn die Weite und Schönheit des Sees, seine fast täglich wechselnden und oft überraschenden An- und Aussichten sowie die sich daraus entwickelnden Geschichten begreift der schauende Mensch nur vom Schiff aus. Die Städte und Dörfer am Bodensee verzaubern den Fahrgast mit ihrer reichhaltigen und traditionsreichen Kultur. Doch das Land erscheint sehr weit weg – man hat fast das Gefühl, auf der Ostsee zu sein. In Wirklichkeit ist man aber auf einer Seereise zwischen Schwarzwald und Alpen, dort wo Deutschland, Österreich und die Schweiz aneinander grenzen. Sehen und erleben Sie es selbst – wir zeigen Ihnen den Weg dorthin!

Noch etwas will dieses Buch erläutern: Fast unbemerkt von der Öffentlichkeit ging im Frühjahr 2003 der Wechsel des Eigentums der Bodensee-Schiffsbetriebe über die Bühne, weil sich weder im täglich sich abwickelnden Fahrbetrieb noch bei den handelnden Mitarbeitern sowie am Geschäftssitz Konstanz und im Geschäftsbereich etwas geändert hat. Das in den letzten Jahren zwischen 2,7 und 3,2 Millionen Ausflugs- und Fährfahrgäste pro Jahr befördernde Unternehmen hatte dabei einen Umsatz von rd. 14 Millionen Euro eingefahren. Am 15. Mai 2003 nun wurden anstelle des bisherigen

„Älteres Ehepaar auf Bodenseefahrt" – diese preisgekrönte Aufnahme aus einem Fotowettbewerb wurde an Bord von MS „Schwaben" geschossen und dokumentiert so recht den Begriff „Schifffahrt als Erlebnis". (BSB-Archiv: Zöllner)

Einen erfüllten Tag voll neuer Eindrücke vermittelt die Rundfahrt auf einem Bodenseeschiff, das hier gerade die Station Bad Schachen verlässt und nur 20 Minuten später in Lindau anlegen wird. (BSB-Archiv: Umbrecht)

Besitzers Deutsche Bahn AG die Stadtwerke Konstanz GmbH zum neuen Eigner der Bodensee-Schiffsbetriebe. Die Stadtwerke Konstanz GmbH sind bereits seit über 75 Jahren als äußerst agile Reederei des Fährbetriebes Konstanz – Meersburg tätig – besitzen also auf dem Gebiet der Bodenseeschifffahrt schon Erfahrungen aus fast acht Jahrzehnten, die ihnen nun auch für den gesamten See zugute kommen. Die deutsche Bodenseeschifffahrt kann sich somit wesentlich effizienter und konzentrierter den Herausforderungen der Zukunft stellen – allein schon durch die verbesserte Zusammenführung von Freizeit/Ausflugsverkehr und Öffentlichem Personennahverkehr, der durch die Fähren repräsentiert wird.

Ergänzend sei außerdem erwähnt, dass das gesamte Immobilienvermögen mit über 260.000 m² Hafenanlagen und Gebäuden übernommen wurde. Hier wurde eine eigenständige Gesellschaft – die Bodensee-Hafengesellschaft – gegründet. Alle 155 Mitarbeiter der BSB wurden ohne Einschränkungen weiterbeschäftigt.

Sommer 2003: Die 13 (Ausflugs-) Motorschiffe der Bodensee-Schiffsbetriebe (BSB) haben in der ungewöhnlich heißen und regenarmen Saison, die über mehrere Wochen mit knapp 40 Grad Tagestemperaturen, extremen Niedrigwasserständen und schlechter Tourismus-Konjunktur zu kämpfen hatte, 2,9 Mio. Ausflugsfahrgäste befördert – nur ein Prozent weniger als in normalen Sommern. Und dies, obwohl der Ort Langenargen aufgrund der Wärme und des ständig fallenden Bodensee-Wasserstandes über einen Zeitraum von 36 Tagen nicht angefahren werden konnte. Ein sofort eingerichteter Bus-Ersatzverkehr von hier nach Friedrichshafen garantierte jedoch die reibungslose Anbindung an die übrigen Schiffsverbindungen.

„Wenn man an die große Hitze in diesem Sommer denkt und den allgemeinen Rückgang in der Tourismusbranche der Region berücksichtigt, zeigen diese Zahlen, dass unsere BSB weiterhin einen guten Kurs fährt ..." – erklärte am Ende des Jahres dann auch Kuno Werner, Geschäftsführer der Bodensee-Schiffsbetriebe.

Die Auswirkungen dieses „Jahrhundertsommers" setzten sich übrigens bis Mitte Januar 2004 fort. Erst dann begann ein reichlicher Regen, der den Wasserspiegel langsam wieder ansteigen ließ. Noch zwei Wochen früher schrieben die Karlsruher Badischen Neuesten Nachrichten in ihrem Südwestecho zu diesem Thema: *„Der Bodensee hat am Neujahrsmorgen beim Pegel Konstanz einen Wasserstand von lediglich 255 Zentimetern erreicht. Der derzeitige Wasserstand ist damit nur noch 29 Zentimeter vom historischen Tiefstand entfernt, der am 17. Februar 1858 mit 226 Zentimetern verzeichnet wurde ..."*

Neben der Großschifffahrt auf Bodensee und Rhein wird von der deutschen und Schweizer Seite in enger Zusammenarbeit ein Fährverkehr auf der Strecke Friedrichshafen – Romanshorn betrieben. Dieser Trajektdienst geht in seinen Anfängen auf das Jahr 1869 zurück und beförderte zunächst fast ausschließlich Eisenbahnwaggons. Heute machen immer mehr Lkw- und Pkw-Fahrer von der Möglichkeit Gebrauch, ihren Weg vom deutschen zum Schweizer Ufer übers Wasser hinweg zu verkürzen. In 40–50 Minuten werden sie übergesetzt und ersparen sich somit einen Umweg von rd. 70 Kilometern, der vor allem an den Wochenenden infolge überlasteter Straßen und zweimaligem Grenzwechsel zeitlich und finanziell ein Riesenverlust wäre.

Dieses ganzjährig betriebene „Kraftfahrzeugtrajekt", wie es früher hieß, konnte in 2003, zusätzlich zum übrigen Bodenseeverkehr, 295.000 Passagiere übersetzen. Dies entspricht einer Zunahme von 2,4 Prozent im Vergleich zum Vorjahr. Summa summarum haben die deutschen Bodensee-Schiffsbetriebe im Gesamtjahr also knapp drei Millionen Passagiere an Bord gehabt und ihre Schiffe dabei 340.000 Kilometer zurückgelegt (siehe S. 108).

Doch blicken wir zurück und fragen, wie der „maschinengetriebene" Schiffsbetrieb auf dem Bodensee, der – man glaubt es kaum – inzwischen schon 180 Jahre alt ist, überhaupt begonnen hat:

Im ersten Vierteljahrhundert bildeten die Dampfer ein wichtiges Bindeglied zwischen den Gemeinden längs des Ufers und über den See. Später, als Eisenbahnen aus unterschiedlichen Richtungen bis zum Bodensee geführt wurden und hier endeten, übernahmen die Dampfschiffe die Aufgaben eines „verlängerten Schienenweges". Über den oft stürmischen See

Der Hafen von Konstanz bei Nacht: im Hintergrund der Bahnhof und davor das Verwaltungsgebäude der Bodensee-Schiffsbetriebe. (BSB-Archiv: Wolff-Seybold)

Auf dieser Werbebroschüre ist der Werdegang der Bodenseeschifffahrt besonders anschaulich erklärt: von den Eindeckdampfern „Wilhelm" und „Leopold" aus der Frühzeit über das schnelle DS „Stadt Überlingen" vom Jahre 1929 bis zum komfortablen MS „Graf Zeppelin", das 1989 zur Flotte stieß. (BSB-Archiv)

beförderten sie Personen, gepackte Güter sowie Eisenbahnwagen, wofür spezielle Anhang(trajekt)kähne vorgehalten wurden.

Wie der Dienst auf den einzelnen Verbindungen zustande kam, wie sich die Wandlung vom qualmenden Dampfer zum modernen Dieselmotorschiff vollzog und wie sich die äußerst effiziente Zusammenarbeit von vier Einzel-Schiffsgesellschaften zum heutigen Verbund „Vereinigte Schifffahrtsunternehmen für den Bodensee und Rhein (VSU)" ausgestaltete, ist mehr als nur eine technische Entwicklungsgeschichte. Sie ist eine Chronik im touristischen Auf und Ab von fast zwei Jahrhunderten unseres sich täglich neu und immer wieder liebreizend zeigenden Bodensees!

Doch um das alles kennen und verstehen zu lernen, ist es wichtig, zunächst Grundsätzliches über die Geographie des Sees und seine zentrale Lage inmitten von Europa zu erfahren: Nach dem Plattensee in Ungarn und dem Genfer See zwischen der Schweiz und Frankreich, ist der Bodensee das drittgrößte Binnengewässer Europas. Seine Uferlänge misst rundherum 257 km, und der See bedeckt dabei eine Fläche von 536 km^2 mit Wasser. Von den 257 km „gehören" 162 km zu Deutschland, 69 km zur Schweiz und 26 km zu Österreich. Der See liegt 400 m über dem Meeresspiegel. Er ist fast 70 km lang, gemessen zwischen Bregenz und Stein am Rhein, und die größte Seebreite zwischen Langenargen und Rorschach liegt bei 14 km (das ist immerhin so viel, dass man bei eingeschränkten Sichtverhältnissen oder dichten Wolken nicht mehr von einem Ufer zum anderen 'rüberschauen kann). Die tiefste Stelle des

Obersees wurde mit 252 m in der Nähe von Uttwil/Schweiz gemessen; der Überlingersee dagegen ist an einer Stelle 150 m und der Untersee gerade einmal 50 m tief. Der Bodensee, vom Rhein durchflossen, ist ein altes Gletscherbecken, dessen Form und Umrisse auf die letzte Eiszeit vor etwa 30.000 Jahren zurückgehen.

Die Römer nannten den vor 2.000 Jahren fast auch schon internationalen Bodensee „Lacus Brigantinus", also schlicht und einfach Bregenzer See. Im 9. Jahrhundert kam nach der Königspfalz Podama (dem heutigen Bodman) vorübergehend der Name „Lacus Podamicus" auf, aber danach entstand dann schließlich die heutige Namensform. Der Name „Schwäbisches Meer" ist fränkisch, denn nach der Römerzeit lag der Bodensee im Herzogtum Alemannien bzw. Schwaben.

Apropos Römer: Haben Sie gewusst, dass sich dieses damals oft siegreiche Volk aus dem sonnigen Süden auch am Bodensee scheinbar ziemlich lange festsetzte? Die erste Besiedlung begann schon vor Christi Geburt und damit verbunden war der Bau von Pass- und Handelsstraßen über die Alpen. Eine davon war die „Römische Straße" von Mailand über den Splügenpass, entlang des Rheintals und weiter über Kempten und Augsburg nach Gauting, südlich des späteren München. An den Ufern des Bodensees gründeten die Römer ihre Kastelle Konstanz, Arbon und Lindau sowie die Stadt „Brigantium", das heutige Bregenz.

Dabei kam es ganz zwangsläufig zu Auseinandersetzungen mit den hier ansässigen Völkern, aus denen die Römer durch ausgefeilte militärische Taktik (und bessere Bewaffnung) meist als Sieger hervorgingen. Aber erst eine erbitterte Seeschlacht im Jahre 79 n.Chr. gegen die Vindelizier (einen Alemannen-Stamm aus der Gegend des heutigen Vorarlbergs), an der in der Nähe von Bregenz über 200 Ruderschiffe teilgenommen haben sollen, sicherte den Römern die dauerhafte Seeherrschaft auf dem „Lacus Brigantinus" – und zwar für rd. 500 Jahre. Dann zogen sie sich in den Wirren der Völkerwanderungen (erinnert

Die gesamte Bodensee-Region auf einen Blick zeigt dieses Foto des amerikanischen Landsat 5-Satelliten, das Ende der 1980er Jahre aus 705 km Höhe aufgenommen wurde. (NASA/ESA/ Telespazio, Rom: Slg. Scherff)

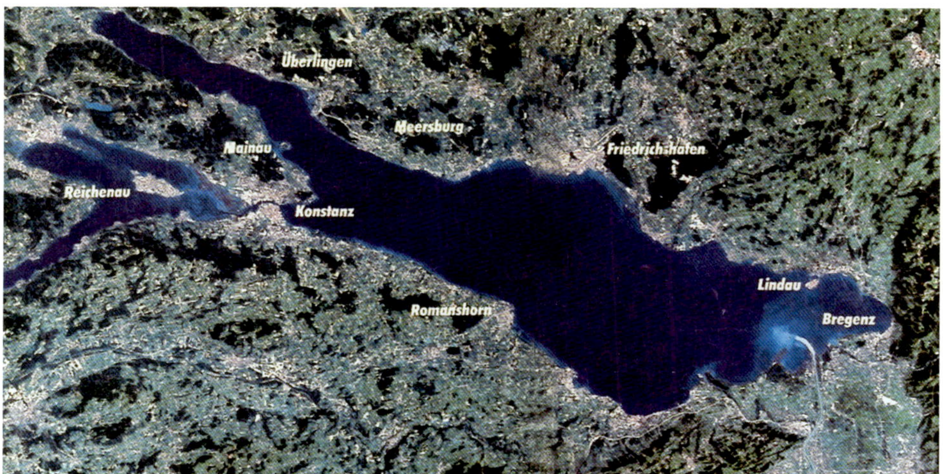

sei nur an den „Kampf um Rom" durch die Goten) vom Bodensee zurück, und die Alemannen ließen sich endgültig an seinen Ufern nieder.

Wie bereits kurz erwähnt, grenzen an diese Ufer heute drei Staaten. Würde man allerdings die Bundesrepublik in die alten Kleinstaaten „zerlegen", wären es sogar fünf: Baden, Bayern und Württemberg auf deutscher Seite sowie Österreich und die Schweiz. Wir werden später sehen, dass im deutschen Bereich bis zur Wende zum 20. Jahrhundert tatsächlich diese Unterscheidungen bestanden: Setzten die Konstanzer einen neuen Dampfer in Betrieb, so war das – ganz klar – ein „badisches Schiff"; genauso wie das Königshaus der Wittelsbacher eben nur die Geschicke der bayerischen Bodenseeschifffahrt – und beileibe nicht mehr – beeinflussen konnte.

Hauptsächlichster „Wasserspender" des Bodensees ist der Rhein, der als Grenzfluss zwischen Österreich und der Schweiz bei Fußach in den See fließt. Von dort aus lässt sich sein Flusslauf durch das Schwäbische Meer gut verfolgen: Zunächst fließt der Rhein von seiner Mündung geradeaus in Richtung Bregenz, schlägt hier einen Haken auf die Insel Lindau zu und schlängelt sich dann langsam und breit auslaufend am deutschen Nordufer entlang. Ein kleiner Knick ums Eck herum in den Konstanzer Trichter, schon verlässt der Rhein den Obersee und fließt unter der 1936–38 gebauten „Alten Konstanzer Rhein-Brücke" hindurch (alt, weil sie im 19. Jahrhundert unter Robert Gerwig, dem Erbauer der Schwarzwaldbahn, an der selben Stelle schon einmal errichtet wurde). Hier ist der Flusslauf durch deutliche Bewegungen zwischen stehendem und fließen-

Der bayerische Löwe in seiner Funktion als „Bewacher" der von 1853–56 errichteten Hafeneinfahrt in Lindau blickt streng auf die froh gestimmten Urlauber an Bord von MS „München" herab. (BSB-Archiv)

MS „Konstanz", Baujahr 1964, erwartet an der Blumeninsel Mainau seine Fahrgäste. Luftbild-Freigabe durch Regierungspräsidium Tübingen Nr. 42/2601. (BSB-Archiv: M. Grohe)

dem Wasser sowie durch kleine Strudel besonders gut zu beobachten ... Nach weiteren 6 km verbreitert sich der Rhein zum Untersee und wird endlich am mittelalterlichen Städtchen Stein zum „richtigen" Fluss, dem Hochrhein. Für das Durchfließen des gesamten Bodensees benötigt Vater Rhein genau 60 Tage.

Wenige Kilometer hinter Stein bildet der vom Bodensee noch gesättigte Fluss den berühmten „Rheinfall von Schaffhausen", welcher mit 21 m Gefälle und 150 m Breite der größte Wasserfall Mitteleuropas ist. Seine maximale Abflussmenge beträgt sage und schreibe fast 1.100 Kubikmeter, wohlgemerkt: pro Sekunde! In den Bodensee gehen circa 48 Milliarden Kubikmeter Wasser hinein (und zwar bei einer rechnerisch zugrundegelegten „mittleren Tiefe" von 90 m). Solch eine riesige Wassermenge ist natürlich auch ein guter Wärmespeicher: Ein schlauer Kopf hat einmal ausgerechnet, dass der Bodensee den Heizwert von rd. 22 Millionen Tonnen Kohle in sich aufnehmen kann – daher auch das milde Klima hierzulande. Seit 875, so lässt sich aus verschiedenartigen Aufzeichnungen dieser Gegend wohl schließen, war der Bodensee im Winter nur 33 Mal zugefroren, zuletzt 1962/63.

Jedenfalls förderte das gute Klima zu allen Zeiten auch die Ansiedlungen durch den Menschen: Pfahlbauern, Kelten, Römer und Alemannen besiedelten die Bodensee-Ufer. Die rund um den Bodensee gesprochenen Sprachnuancen des Deutschen sind daher heute so vielgestaltig wie seine Bewohner. Das Alemannisch-Schweizerdeutsche beherrscht vielleicht

Diesen malerischen Blick aus dem Weißen Saal des Mainau-Schlosses bekommt der Bodensee-Besucher normalerweise nicht zu sehen. Rechts unten hat der Neubau MS „Graf Zeppelin" angelegt, links ist MS „St. Gallen" der SBB zu erkennen. (K. Scherff)

die meisten Gespräche, aber ebenso oft hört man badische, bayerische und schwäbische Mundarten sowie den weichen Vorarlberger Dialekt der Österreicher.

Die drei Inseln des Bodensees sind beliebte Ausflugsziele für Touristen und Besucher geworden. Auf der gepflegten Blumeninsel Mainau etwa mit ihren subtropischen Gewächsen ist der Andrang am größten – aber genauso gern verweilen interessierte Besucher in den romanischen Kirchen auf der grünen Insel Reichenau oder besichtigen die mittelalterliche Inselstadt Lindau. Alle Inseln sind inzwischen über „Seedämme" auch vom Festland aus erreichbar – die meisten Besucher aber ziehen die bequeme und stressfreie Anfahrt mit einem der modernen Bodenseeschiffe vor.

Nach der Erkenntnis *„In der Mitte aller steht die Sonne ..."*, dem bekannten Wort von Nikolaus Kopernikus, könnte man heute Konstanz als den Mittelpunkt der Bodenseeregion bezeichnen – obwohl Vergleiche immer subjektiv sind. Dass Konstanz gleichzeitig Sitz der Bodensee-Schiffsbetriebe und seit 2001 auch der Vereinigten Schifffahrtsunternehmen VSU ist, macht sie als Stadt und im Sinne unseres Buchthemas noch interessanter.

Die VSU haben es sich zur Aufgabe gemacht, einen gemeinsamen Fahrplan der fünf Einzelgesellschaften (per 1. März 2004 ist auch der Schifffahrtsbetrieb Rorschach Mitglied des Verbandes) sowie einheitliche Tarife der beteiligten Einzelfirmen anzubieten. Dazu gehören außerdem Betriebsvereinbarungen und Fragen der Sicherheit. Vorsitzender der VSU ist seit Januar 2004 Dipl.-Betriebswirt Kuno Werner, gleichzeitig Geschäftsführer der BSB. Alle Verbandsgeschäfte werden im Gremium der VSU-Konferenz beschlossen, die sich aus den Geschäftsführern der beteiligten Unternehmen zusammensetzt und vier Mal jährlich tagt.

Zusammenfassend ist der Bodensee heute im In- und Ausland eine der bekanntesten Erholungslandschaften im Herzen Europas und – wie beispielsweise die viel beworbene Rheinstrecke durchs Siebengebirge mit ihren schönen Aussichten auf Weinberge und deutsche Burgenromantik – auch bei den zahlreichen Touristen aus Übersee bekannt und beliebt.

Doch an seiner verkehrstechnischen Erschließung, auf dem Wasser selbst und rings um den See herum, hatten die Verantwortlichen jahrzehntelang hart zu arbeiten. Ohne sich zu sehr in Einzelheiten zu verlieren, schildert Ihnen dieses Buch nun, wie das vor sich ging – von den Anfängen bis heute!

Erstmals mit Dampf und Schaufelrädern

Neben Konstanz, der uralten Bischofs- und Reichsstadt, haben im Mittelalter auch andere Städte am Bodensee eine gewisse Bedeutung erlangt. Konstanz allerdings ist etwas Besonderes: Man muss sich der Stadt mit dem Schiff am frühen Morgen nähern, wenn – wie H. Missenharter in „Deutschland" (S. 124) beschreibt – hinter Schleiern die schlanke Pyramide des Münsters über dem Turmsockel aufsteigt, davor der düstere Kasten des Konzilsgebäudes und nebenan, zwischen alten Parkbäumen, das seewärts blickende Inselhotel, über fünf Jahrhunderte lang Dominikanerkloster mit einem wohl erhaltenen Kreuzgang.

Nicht minder sehenswert sind aber die Reichsstadt Überlingen sowie das frühere Buchhorn, das seit 1811 nach Vereinigung mit dem Dorf Hofen nunmehr Friedrichshafen heißt. Auch Meersburg war zeitweise Residenz der Konstanzer Bischöfe. In der Schweiz vergrößerten sich die Dörfer Romanshorn und Rorschach zu Handelsstädten. Und all diese malerischen Städte und Uferorte wurden über Jahrhunderte durch privilegierte Schifferzünfte im regelmäßigen Verkehr mittels Ruder- und Segelbooten verbunden, getreu dem Gedanken des großen Friedrich Harkort: *„Durch die rasche und wohlfeile Fortschaffung der Güter wird*

Konstanzer Hafen um 1905: Im Vordergrund hat der Salondampfer „Kaiser Wilhelm" von 1871 festgemacht; davor liegt die österreichische „Habsburg". Halb rechts erkennen wir Dampfschiff „Greif", das von Gebr. Sulzer 1877 als erster Halbsaloner für die badische Flotte gebaut wurde und hier gerade ausläuft. (Archiv: Fritz)

der Wohlstand eines Landes bedeutend vermehrt ..."

Die Inbetriebnahme des ersten Dampfers „Wilhelm" liest sich in einem Bericht des profunden Kenners der Bodenseeschifffahrt, Karl F. Fritz, so köstlich, dass wir sie hier unseren Lesern in gekürzter Form wiedergeben möchten.

Der damalige US-Konsul in Bordeaux, Edward Church, stellte auf einer großen Rundreise durch Europa um 1820 verwundert fest, dass er auf dem Schweizer Genfer See sowie dem deutschen Bodensee noch keinen Einzigen der neuen Dampfer angetroffen habe, die er von den Fünf Großen Seen in den USA schon kannte. Es fiel ihm relativ leicht, die Schweizer Kantone Genf und das nahe liegende Waadtland von der Notwendigkeit der neuen Technik zu überzeugen. Und so erhielt der Genfer See im Jahre 1823 sein erstes Dampfschiff, die „Guillaume Tell".

Church reiste nun weiter an den Bodensee und lernte hier binnen kurzem einflussreiche Männer kennen, die ihm den Weg zum württembergischen Hof ebneten. So zeigte sich König Wilhelm I. von Württemberg für Church's Anregung, den Bodensee mit Dampfschiffen zu befahren, sehr aufgeschlossen. Und nicht lange, so entstand auf seine energische Initiative hin und mit (finanzieller) Hilfe des Stuttgarter Verlegers Friedrich Freiherr von Cotta das erste Bodensee-Dampfschiff.

Spätestens nun jedoch erhebt sich die Frage, ob die Ingenieure hierzulande – immerhin schon 17 Jahre nach der denkwürdigen ersten Fahrt von Robert Fultons „Clermont" auf dem New Yorker Hudson-River im August 1807 – von mittels Dampfmaschinen angetriebenen Fahrgastschiffen noch nie etwas gehört hatten? War das alte Europa so weit hinter den USA zurück, und musste erst jemand aus dem fernen Amerika kommen und die Europäer wachrütteln?

Nein – natürlich nicht! Der Dampfantrieb war hier schon lange zuvor bekannt, aber er wurde eben nicht so konsequent gefördert wie in den USA.

Das „Papin'sche Dampfschiff" z.B. ist eine der ersten Entwicklungen aus der Anfangszeit der Dampfschifffahrt. Denn nicht etwa James Watt, Robert Fulton, Jo-

Dieses Holz-Modell der „Wilhelm" von 1823 diente der Werft als Vorlage zum Bau des ersten Bodenseedampfers, der am 17. August 1824 in Friedrichshafen Stapellauf hatte. (BSB-Archiv)

nathan Hull, Claude de Jouffray oder Leonardo da Vinci waren die eigentlichen Urheber dieses neuen Antriebes, sondern der Physiker und Mathematiker Denis Papin (1647–1712), ein geborener Franzose, der aber die meiste Zeit seines Lebens in Marburg gelebt und gewirkt hat.

Seit 1690 versuchte Papin, den durch Kondensation von Wasserdampf entstehenden Unter- bzw. Überdruck des Dampfes für die Bewegung von Pumpen zu nutzen. Daraus entstand die Idee, die universell nutzbare Dampfmaschine zu entwickeln, deren Kolben nun im Zylinder abwechselnd von beiden Seiten mit Dampf beaufschlagt wurde und mittels Pleuelstange eine Drehbewegung erzeugen konnte. Und so könnte man – dachte Papin weiter – die Drehbewegung auch zum Antrieb eines Rades mit angesetzten Schaufeln für ein Schiff benutzen und das Schiff auf diese Weise vorwärts bewegen.

Zwar hat es ein Papin'sches Dampfschiff, das auf der Fulda zwischen Kassel und Hannoversch-Münden eingesetzt werden sollte, wahrscheinlich nie gegeben – ein Schaufelradschiff hingegen, aber eben ohne Dampfbetrieb, war den Überlieferungen zufolge durchaus existent! Und auch der (begleitende) Brief des Erfinders an den Philosophen Leibniz vom 23. Mai 1705 ist historisch: *„Ich kann es Ihnen versichern, je mehr ich vorwärtskomme – mit der Maschine – um so mehr sehe ich mich imstande, den Wert dieser Erfindung zu schätzen, die der Theorie nach die Kräfte des Menschen bis ins Unendliche steigern wird. Was aber die praktische Seite anbelangt, so glaube ich ohne Übertreibung behaupten zu können, daß mit Hilfe dieses Mittels ein einziger Mensch die Arbeit von sonst hundert verrichten wird. Es wird mit Hilfe der Dampfkraft möglich sein, gegen den Wind zu rudern und diese Kraft der der Galeerensklaven vorzuziehen.“* (Fürst: Die Welt auf Schienen, S. 32 ff)

Die erste in ein Fahrzeug montierte Dampfmaschine war die des französischen Artillerieoffiziers Nicolas Joseph Cugnot. 1769 schuf er sein erstes Modell und ein Jahr später, im Sommer 1770, montierte er die inzwischen verstärkte

Am 10. November 1824 nahm die fertig gestellte „Wilhelm“ ihre Werft-Probefahrten auf und ab 1. Dezember ging das Schiff in den planmäßigen Linienverkehr. (BSB-Archiv)

So begann der Verkehr per „Dampfboot": Eines der „Pionierschiffe" in Deutschland war „Prinzessin Charlotte von Preußen", die mit ihrer 14 PS-Maschine im September 1816 in Berlin zu Wasser gelassen wurde und einen Monat später mit erlauchten Gästen eine erste Ausflugsfahrt zur Pfaueninsel unternahm. (Landesarchiv Berlin)

Maschine in einen stabilen dreirädrigen Wagen. Sein kochtopfförmiger Kessel wurde angeheizt und ab ging es auf eine erste Probefahrt durch die Straßen von Paris. Die Lenkung des Wagens ging bei diesem Fahrzeug aber etwas schwergängig, da das gesamte Gewicht des Kessels und der Dampfmaschine über dem Vorderrad hing und mitgewendet werden musste – und die Folgen ließen nicht lang auf sich warten ...

Kurz gesagt: Cugnot rammte mit dem ersten Dampfwagen der Welt eine Mauer! Doch selbst dabei bewies das ungefüge Fahrzeug seine überlegene Standfestigkeit. Es fügte der stabilen Mauer zwar ein riesiges Loch zu, erlitt dabei aber selbst keine wesentlichen Schäden (ein Autofahrer des 21. Jahrhunderts könnte davon nur träumen!). Doch Cugnot hatte den Mut verloren. Er ließ den Wagen durch Pferde abschleppen und nahm seine Versuchsfahrten nie wieder auf. Heute steht dieser „Erste Artillerie-Kraftwagen der Welt" als eine der größten Sehenswürdigkeiten im „Conservatoire des Arts et Métiers" in Paris.

Die zunächst mehr versuchsartige Schifffahrt mit der noch neuen Dampfmaschine begann hierzulande bereits am 11. Juni 1816, als der in London gestartete Dampfer „The Defiance" anlässlich einer Demonstrationstour rheinaufwärts die Stadt Köln erreichte. Das erste Passagier-Flussschiff unter Hamburger Flagge befuhr am 29. Juni 1816 die Strecke Hamburg – Cuxhaven, und in Berlin existierte für Spree- und Havelrundfahrten die „Prinzessin Charlotte von Preußen", ein stattliches Schiff von 41 m Länge.

Die „Prinzessin" hatte im Vor- und Achterschiff jeweils unter Deck eine große, elegant ausgestattete *„Cajüte"* und ein kleineres *„Cabinet"*. Am 27. Oktober 1816 unternahm sie mit 160 geladenen Gästen ihre erste Ausflugsfahrt zur berühmten Pfaueninsel an der Unterhavel.

Es war also wohlgemerkt 1816, als die ersten Dampfer in Deutschland fuhren – und zwei Jahre später sogar auf dem Bodensee. Die „Stephanie", die hier entstand, war allerdings nur ein provisorisches Versuchsobjekt und ihr Initiator, der hoch verschuldete Mechanikus Johann Caspar Bodmer, blieb denn auch bei der ersten Ausreise mit dem Schiff hängen – seine mehr oder weniger „handgestrickte" kleine Dampfmaschine verabschiedete sich bereits nach wenigen Metern. Das war also nichts!

Doch auch mit der sechs Jahre später gebauten, nun durch Church initiierten „Wilhelm“ lief nicht alles so, wie es eigentlich sollte.

Dazu bedarf es einiger Erläuterungen: Fast überall am Bodensee wurden Verkehr und Handel bis zum Einsetzen der Dampfschifffahrt durch Zollschranken, Zunftprivilegien und mannigfaltige Gebühren schwer behindert. Insbesondere die Schifferzünfte besaßen ihre sog. „Abfuhrrechte“, die zu einem unbeschreiblichen Bürokratismus führten. Die bisherige Ruder- und Segelschifffahrt war unter „Berechtigten“ aufgeteilt, die sich in Zünften organisiert hatten und ihre Rechte eifersüchtig gegen jede Einwirkung von außen verteidigten.

Das ging so weit, dass Lastsegelschiffe, die sog. „Lädinen“, die aus Friedrichshafen ankamen und Personen sowie Waren nach Lindau gebracht hatten, dort nur abgefertigt wurden, wenn sie der bayerischen Schifferzunft für Hafenbenutzung, Löschen und Laden hohe Gebühren bezahlt hatten. Sogar für den Rücktransport derselben Fahrgäste, die das Boot morgens gebracht hatte und am Nachmittag zurückbringen wollte, musste dann nochmals, ein zweites Mal also, Abfuhrgebühr entrichtet werden. Den Höhepunkt dieser willkürlichen Gebühren-

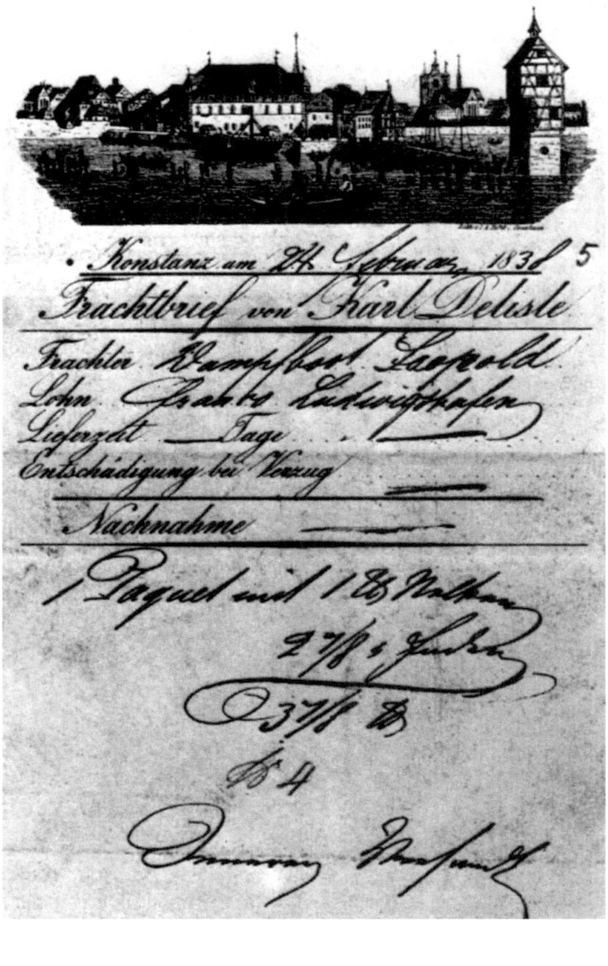

Konstanz am 24 Februar 1838
Frachtbrief von Karl Delisle
Frachter Dampfboot Leopold
Lohn
Lieferzeit Tage
Entschädigung bei Verzug
Nachnahme

Frachtbrief für das „Dampfboot Leopold“, ausgestellt in Konstanz am 24. Februar 1838. Sehr schön ist auf dem Briefkopf oben eine Ansicht des Hafens Konstanz dargestellt. Alle vorgedruckten Rubriken sind bereits in lateinischer Schrift verfasst, handschriftliche Eintragungen in deutscher. (BSB-Archiv)

ordnung bildete ein Erlass der badischen Regierung, wonach die mit einem „bayerischen" Schiff aus Lindau morgens in Konstanz eingetroffenen Reisenden am selben Tage ausdrücklich nur mit einem „badischen" Schiff zurückreisen durften. Diese vielen genannten Einschränkungen – Zölle, Abgaben und Fahrrechte – uferten rings um den See regelrecht aus, wurden von den Zünften aber, wie schon erwähnt, eifersüchtig verteidigt. Und täglich gab es neue „Reformen" zur Eintreibung weiterer Gebühren.

Es war also kein Wunder, dass sich dieselben Zunftmitglieder auch gegen jede technische Neuerung aussprachen, selbst wenn ihnen diese eine echte Erleichterung für ihre tägliche Arbeit (des Ruderns und Segelns) auf den Lädinen versprach. So höhnte denn Zunftmeister Räuchle, als endlich im Frühjahr 1824 in Friedrichshafen der Rumpf des ersten Dampfbootes für den Bodensee Gestalt annahm: *„Seit Jahrhunderten fahren wir mit Segel und Ruder zwischen Schwaben und der freien Schweiz – und jetzt kommt so ein Auswärtiger* (Church) *und will uns weismachen, dass man ein Schiff mit Dampf antreiben kann ..."*

Doch allen Unkenrufen zum Trotz, so berichtet Fritz weiter, lief der Dampfer am 17. August 1824 vom Stapel und wurde zu Ehren seines Förderers, des württembergischen Königs, auf den Namen „Wilhelm" getauft. Als sich dann nach der Fertigstellung am 10. November das Schiff mit seiner 20 PS starken 1-Zylinder-Dampfmaschine, die man noch aus England bezogen hatte, mit eigener Kraft in Bewegung setzte, brach das wartende Volk in einen lauten Jubelruf aus: *„Er goht – er goht ..."*

Trotz des hohen Wellengangs um diese Jahreszeit lief der Dampfer „Wilhelm" ohne Schwierigkeiten aus der Enge des provisorischen Werfthafens (der heutige Friedrichshafener Hafen entstand erst einige Jahrzehnte später) aus und erreichte

Das Dampfschiff „Wilhelm" hatte kurz nach seiner Einführung neben dem normalen Plandienst nach Rorschach/Schweiz auch diverse Sonder- und Vorstellungsfahrten zu absolvieren, wie z.B. hier im Dezember 1824 ins „badische Ausland" Konstanz. (BSB-Archiv)

Dieses Bild ist mit „Einfahrt des Hafens von Lindau am Bodensee 1857" unterschrieben, soll aber wohl mehr „Leuchtturm und bayerischen Löwen" darstellen, die zu diesem Zeitpunkt erst ein Jahr bestanden. (BSB-Archiv)

nach einer Stunde Langenargen – eine Strecke, für die die heutigen Bodenseeschiffe übrigens nur 15–20 Min. benötigen.

Doch der wahre Triumph für das neue Dampfschiff kam einen Tag später, am 11. November 1824: Starker Föhnsturm hielt des Zunftmeisters Lädinen (Güterschiffe mit Segeln) im Hafen zurück – Dampfer „Wilhelm" aber wagte die Ausfahrt und erreichte in 3 ½ Stunden das schweizerische Rorschach. Diese eindrucksvolle Demonstration gegen die konservative „Segelkonkurrenz" der Zünfte war der eigentliche Durchbruch für den Dampfantrieb auf dem Bodensee!

Durch einen weiteren gelungenen Schachzug nahm der König den wutentbrannten Schifferzunftmitgliedern buchstäblich den Wind aus den Segeln. Der württembergische Staat übernahm deren gesamte Flotte und garantierte obendrein jedem seiner Mitglieder eine jährliche Leibrente von 450 Gulden – das war mehr, als sie jemals selbst unter allergünstigsten Wind- und Wetterbedingungen durch ihre Güterfahrten verdient hatten. Jetzt herrschte Ruhe!

Das Dampfschiff „Wilhelm" ging am 1. Dezember 1824 in den regelmäßigen Kursverkehr von Friedrichshafen nach Rorschach. Das war elf Jahre vor Eröffnung der ersten deutschen Eisenbahn! Vier Mal in der Woche wurde die Tour Friedrichshafen – Rorschach gefahren, vorher, zur Zeit der Segel-Lädinen, gab es diese Verbindung in der Regel nur einmal wöchentlich. Neben den planmäßigen Kursfahrten der „Wilhelm" kamen für den Dampfer noch Sonderfahrten hinzu: für Personen und für Güter.

In der Regel gelangten mit dem Schiff außer den Fahrgästen insbesondere sog.

„Kaufmannsgüter", Früchte und Vieh zur Verschiffung. Sehr häufig erforderte der große Umfang dieses Warentransports, dass die „Wilhelm" im Schlepptau ein oder zwei Anhängeschiffe hinter sich her ziehen musste. Man bedenke: das alles mit 20 PS!

Die „Wilhelm" war ein aus Eichenholz gebautes 30 m-Glattdeckschiff ohne nennenswerte Aufbauten. 124 Fahrgäste konnten auf dem Dampfer befördert werden. 100 davon hatten sich an Oberdeck (vermutlich ohne jede Sitzgelegenheit) aufzuhalten und 24 durften sich in einem *„heizbaren Zimmer"* unter Deck *„plazieren"*. Zwischen den Passagieren an Deck war es möglich, eine Nutzlast von 800 Zentnern (= 40 Tonnen) mitzunehmen. Manchmal bestanden die Fahrgäste oder die Nutzlast (oder beides) auch aus einer kleinen Kuhherde, die dann mit Protestgeschrei und laut muhend den stillen See überquerte.

Doch die Konstrukteure der noch neuen Dampfschiffe konnten auf keinerlei Erfahrungswerte zurückgreifen; alles steckte noch in den Kinderschuhen. Daraus ergab sich das Problem, dass die ersten Dampfer bei weitem schneller verschlissen, d.h. die Schalen undicht wurden, als dies bei einem Eisenschiff der Fall gewesen wäre. Auch beim Dampfschiff „Wilhelm" musste schon 1830, also bereits nach sechs Jahren Einsatz, der hölzerne Rumpf neu beplankt werden. Das lag nicht nur an der aus England gelieferten 1-Zylinder-Balancier-Dampfmaschine, sondern schlicht an mangelnder Erfahrung.

Und auch der zweite Rumpf von „Wilhelm" hielt nicht allzu lange: bereits 1848 wanderte das Schiff endgültig auf die Abbruchwerft. Damit hatte der erste planmäßig in Dienst gesetzte Dampfer des Bodensees ein Lebensalter von gerade einmal 24 Jahren erzielt – für ein Schiff nicht viel. Aber die bald eingesetzten „Eisenschiffe" verbesserten diesen Wert nachhaltig – und heute gibt es mehrere Museumsdampfer (z.B. in Skandinavien), die fast 150 Jahre alt sind und noch immer fahren ... Einer der ältesten europäischen Raddampfer mit Kohlefeuerung nämlich ist das dänische Schiff „Hjejlen" – zu Deutsch „Goldregenpfeifer" – das im Jahre 1861 gebaut wurde; es misst 25 m in der Länge und versieht auf dem Silkeborg-See westlich von Arhus noch heute seinen Dienst. Der älteste Raddampfer Europas und zugleich der Welt, die 1856 gebaute „Skibladner" in Nor-

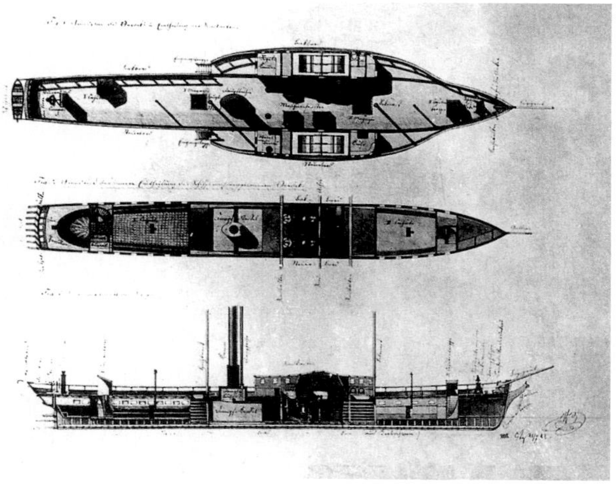

Wie spartanisch technische Konstruktionszeichnungen zu den Schiffsneubauten damals ausfielen, zeigt das Beispiel des Glattdeckdampfers „Stadt Constanz" von 1840. Trotzdem galt das von Escher Wyss gebaute Schiff zu jener Zeit als eines der elegantesten auf dem weiten See. (BSB-Archiv)

wegen, wurde inzwischen auf Ölfeuerung umgestellt, fährt aber im Sommer immer noch auf dem Mjösa-See nördlich von Oslo. Die Redaktion der Schweizer „Dampferzeitung" unternimmt seit mehreren Jahren mit interessierten Dampferfreunden Sonderreisen zu den letzten noch fahrenden Veteranen – und immer sind diese Exkursionen im Nu ausgebucht.

Historische Raddampfer in Deutschland sind etwa die „Stadt Wehlen" und andere, die zur „Weißen Flotte" in Dresden gehören und beispielsweise zwischen 1879 und 1898 an der Elbe gebaut wurden; die ebenfalls zur Flotte gehörende „Diesbar" von 1884 stammt aus England. Ja, so alt können „Eisenschiffe" werden – aber jetzt haben wir uns fast ein wenig von unserem Thema entfernt.

Die ersten beiden Dampfschiffe für den Bodensee „Wilhelm" und „Max Joseph" waren in Friedrichshafen gebaut worden – die Maschinen- und Kesselanlage der „Wilhelm" lieferte die Firma Fawcett in Liverpool. Zukünftig sollte jedoch die Schweiz Hauptlieferant für Bodenseedampfer werden, und das kam so: Die neue Schweizerische Nordostbahn, die ab Mitte der 1840er-Jahre Zürich über Winterthur mit Romanshorn am Bodensee verband, schuf die Verbindung zu den beiden bedeutendsten Schiffsherstellern der sog. Zweiten Generation. Dies waren die Firmen Escher, Wyss & Cie. in Zürich und Gebrüder Sulzer in Winterthur, für den Dampferfan durchaus bekannte Namen mit sehr gutem Klang. Fast zwei Drittel aller Bodenseedampfer in der zweiten Hälfte des 19. Jahrhunderts stammten aus diesen Fabriken, so auch die heute wieder unter österreichischer Flagge fahrende „Hohentwiel" von 1913.

Erinnert man sich der ersten Dampfer in den Zwanziger-/Dreißigerjahren des 19. Jahrhunderts, dann müssen neben der Zunft- und Gebührenproblematik noch weitere schwierige Aspekte dieser Anfangsjahre des Bodenseeverkehrs zur Sprache gebracht werden. Zum Beispiel, um nur zwei zu nennen: die unterschiedlichen Uhrzeiten und die damaligen deutschen Kleinstaaten.

Die „Kleinstaaterei" blühte nämlich bei uns wie sonst nirgendwo auf der Welt. Deutschland war zu dieser Zeit in 39 Königreiche und Fürstentümer aufgeteilt, mit Zollschranken bespickt und von unterschiedlichen Währungssystemen durchzogen. Längere Reisen waren schon aus dem Grund nicht gefragt, weil jenseits der Grenze die „bösen" Badener, Bayern oder Württemberger lauerten. Und deren Landesväter waren, trotz mancher Ausnahmen, auf ihre Selbstherrlichkeit bedacht!

Das nachfolgende kleine Spottgedicht des Konstanzer Stadtschreibers Felix von Rolf kennzeichnet Ende des 18. Jahrhunderts so recht die damalige Situation:

„Der König und der Bischof theilen,
nach Burg und Stadt und Stift und Dom.
Mehr Zölle sind am Rhein als Meilen,
und Pfaff und Ritter sperrt den Strom.
Zollschreiber ist zuerst Empfänger,
dann stellt sich der Beseher ein.
Ihm folgt Nachschreiber – dann Nachgänger,
vier Mann hoch zapfen sie am Wein."
(aus: Museumsschiff „Mannheim" 1986, S. 10)

Ein weiteres aus der Kleinstaaterei herrührendes Problem bildeten die unterschiedlichen Uhrzeiten, denn die deutschen Territorien hatten nicht nur eigene Währungen – auch ihre Uhren stimmten nicht überein. Reiste man von einem Staat in den anderen, so bestanden z.T. erhebliche Unterschiede zwischen der „mitgeführten Taschenuhrzeit" und der Stunde, die der Kirchturm am neuen „Ankunftsorte" anzeigte.

Als z.B. 1846/47 der erste gemeinsame Fahrplan aller Schifffahrtsgesellschaften

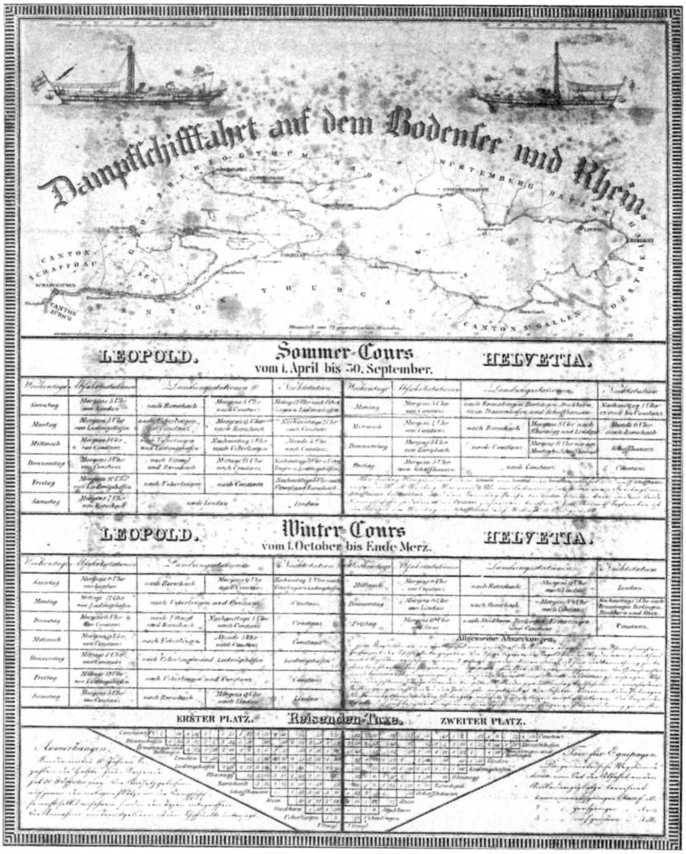

Der erste „badische" Schiffsfahrplan für die Konstanzer Dampfschiffe „Leopold" und „Helvetia" stammt aus dem Jahre 1832. Schon von Beginn an wurde sommers und winters gefahren. (BSB-Archiv)

rund um den Bodensee eingeführt werden sollte, mussten sage und schreibe fünf verschiedene Uhrzeiten (von fünf Ländern) berücksichtigt werden: In Konstanz galt die Karlsruher Zeit, in Friedrichshafen die Stuttgarter Zeit, in Lindau die Münchner Zeit, in Bregenz die Prager Zeit und in allen Schweizer Anlegeorten die Berner Zeit. Die Differenz z.B. zwischen der Karlsruher und der Prager Zeit betrug 24 Minuten. Die Kapitäne hatten sorgfältig darauf zu achten, dass beim Passieren einer Zeitzone die Borduhren peinlichst genau vor- oder zurückgestellt wurden.

Trotzdem gilt der erste gemeinsame Sommerfahrplan aus dem Jahre 1847 als Markstein in der Geschichte der Bodensee-Dampfschifffahrt, weil er die Geburtsstunde der heutigen „Internationalen Bodensee-Fahrplankonferenz" darstellt, die jedes Jahr aufs Neue stattfindet.

In Bezug auf die Uhrzeiten änderte die Eisenbahn vieles. Der Tag war nicht mehr fern, an dem staatsübergreifend eine in ganz Deutschland, der Schweiz und Österreich geltende „Normalzeit" eingeführt wurde. Begonnen hat das Ganze zwar schon in den 1830er-Jahren mit dem Ausbau eines umfassenden Eisenbahnnetzes, zog sich für den Bodensee allerdings noch bis 1848 hin, bis auch hier rund um den See eine allgemein gültige und gleiche Uhrzeit eingeführt werden konnte.

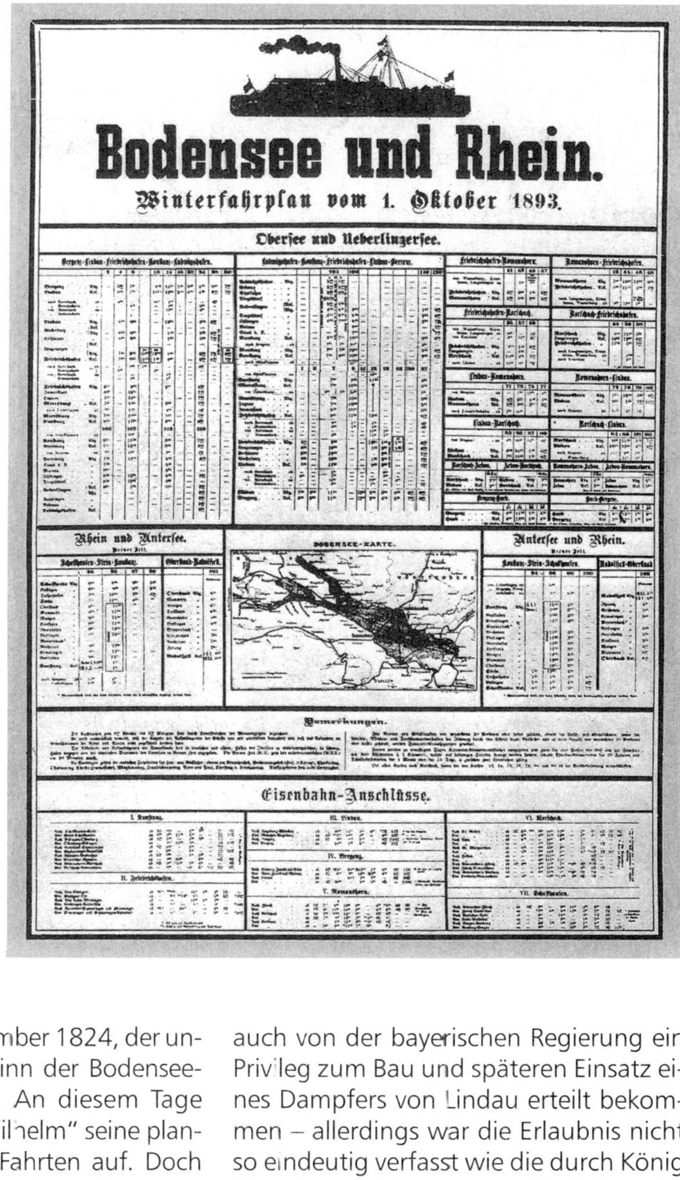
Bodensee und Rhein.

Winterfahrplan vom 1. Oktober 1893.

Obersee und Ueberlingersee.

Rhein und Untersee.

Bodensee-Karte.

Untersee und Rhein.

Bemerkungen.

Eisenbahn-Anschlüsse.

Zum Vergleich hier der Winterfahrplan vom 1. Oktober 1893, gültig für den „badischen" Bereich des Ober- und Überlinger Sees sowie die Hochrheinstrecke. (BSB-Archiv)

Zurück zum 1. Dezember 1824, der unverrückbar als der Beginn der Bodensee-Dampfschifffahrt gilt. An diesem Tage nahm der Dampfer „Wilhelm" seine planmäßigen öffentlichen Fahrten auf. Doch dieses „Schiffchen" bildete letztlich nur die Vorhut für insgesamt vier Dampfer, die von nun an Bodensee und Rhein mit ihren Schaufelrädern beharkten. Allerdings war „Wilhelm" unbestritten der Erste!

Der uns schon bekannte Freiherr von Cotta, der bei der Einführung der Dampfschifffahrt im schwäbischen Friedrichshafen eine sehr große Rolle spielte, hatte auch von der bayerischen Regierung ein Privileg zum Bau und späteren Einsatz eines Dampfers von Lindau erteilt bekommen – allerdings war die Erlaubnis nicht so eindeutig verfasst wie die durch König Wilhelm erteilte. Denn es hieß hier einschränkend: „*... unbeschadet der Rechte Dritter ...*" Damit waren die bayerischen Schifferzünfte gemeint – und diese legten sich quer!

Cotta stand mit seinem 2. Dampfschiff nach der „Wilhelm", das er nach dem bayerischen König „Max Joseph" taufen ließ und am 3. Dezember 1824 nach

Eine romantische Ansicht über den Überlinger See auf die Stadt Überlingen kurz nach Einführung des planmäßigen Dampfschiffbetriebes. (BSB-Archiv)

Lindau überführt hatte, plötzlich im Regen: Er durfte es auf dem See nicht einsetzen, zumindest hier in Bayern nicht. Nun war guter Rat teuer!

Er bemühte sich zwar immer wieder, die Bayern doch zum Einlenken zu bewegen, aber weit gefehlt – man verhielt sich eisig ablehnend. Auch der bayerische König ließ ihn sozusagen im Stich. Vielleicht war er nur mit halbem Herzen für eine bayerische Dampfschifffahrt oder wollte es mit seinen Zünften nicht verderben, wer weiß? Kurz und gut: Cotta musste mit der „Max Joseph" wieder abziehen.

Nach einigem Hin und Her konnte er das Schiff einen Monat später, im Januar 1825, wenigstens als Ersatzschiff für den defekten und in Reparatur befindlichen „Wilhelm" auf der Route Friedrichshafen – Rorschach einsetzen. Aber eine Dauerlösung war das nicht!

Drei deutsche Länder – drei Schifffahrtsgesellschaften

Ein Glück war es wenigstens, dass „Max Joseph" eigentlich ein schwäbisches Schiff war, wenn es auch später in Bayern fahren sollte. So konnte der Dampfer immerhin auf der ersten schwäbisch-schweizerischen Verbindung ohne rechtliche Probleme fahren. Der Dienstherr, in dessen Auftrag „Wilhelm" und „Max Joseph" ihre Fahrten absolvierten, war die auf Initiative König Wilhelms I. 1824 gegründete „Friedrichshafner Dampfbootgesellschaft", die 1839 in „Königlich Württembergische Dampfschifffahrtgesellschaft mit Sitz in Friedrichshafen" staatseigen wurde. Doch bei dieser einen „Dampfschifffahrtsanstalt", wie der Volksmund sie nannte, blieb es natürlich nicht!

Die Badener dachten nämlich ebenfalls in diese Richtung. Und als „Wilhelm" repariert war und wieder fahren konnte, griffen sie ohne Zögern zu und verschafften der nunmehr arbeitslosen „Max Joseph" kurzfristig einen neuen Job. Von Konstanz machte das Schiff mit vorläufig erteilter Erlaubnis – es war ja schließlich ein schwäbischer Dampfer – ab Sommer 1825 Güterfahrten nach Meersburg, Überlingen und Ludwigshafen. Doch die geringen Einnahmen – wegen der immer noch andauernden Konkurrenzsituation durch die gleichzeitig fahrenden Lastsegelschiffe der Zünfte mussten die Frachtraten auf dem Dampfschiff extrem niedrig gehalten werden – sowie die hohen Reparaturkosten an der Schiffsschale führten dazu, dass bereits 1829 die Fahrten von „Max Joseph" auf dem Überlinger See wieder eingestellt und das Schiff ein Jahr später auf Abbruch verkauft wurde.

Das erste badische Eisen-Dampfschiff „Leopold II" (vorher hatte es ein gleichnamiges Schiff mit Eichenholz-Rumpf gegeben, das durch Verschleiß nach acht Jahren aus dem Betrieb genommen werden musste) wurde von Escher Wyss, Zürich gebaut und 1840 in Dienst gestellt. Es überstand mehrere Havarien mit Landungsstegen, Untiefen und dergleichen, wurde aber immer wieder repariert und blieb 65 Jahre, bis 1905, im Einsatz. (BSB-Archiv)

Ein „württembergisches" Schiff (mit vier Durchbrüchen am Radkasten und nur fünf breiten Fenstern im Halbsalon) hat in Lindau losgemacht und wendet sich der Hafenausfahrt zu. Bei dem aufgemalten Namen „Muenchen" handelt es sich allerdings um eine Fotomontage – tatsächlich ist es „Koenigin Charlotte". (BSB-Archiv)

Doch die Badener waren nun auf den (Dampf-)Geschmack gekommen. Am 12. Juli 1830 gründeten sie in Konstanz die „Dampfschiffahrtsgesellschaft für Bodensee und Rhein" – eine der Vorgängergesellschaften der heutigen BSB. 1863 ging die Firma in die Verwaltung der Großherzoglich Badischen Staatseisenbahnen, Karlsruhe über.

Großherzog Leopold von Baden gewährte die erforderliche Unterstützung und die Betriebserlaubnis auf zunächst 25 Jahre. Nach württembergischem Vorbild ging nun auch die badische Regierung bzw. in ihrem Auftrag die Dampfschifffahrtsgesellschaft daran, alle in ihrem Gebiet tätigen Schifferzünfte durch Geldabfindungen zufrieden zu stellen – und das klappte in Baden genauso gut wie zuvor im Schwäbischen.

Mit den Dampfschiffen „Leopold" und „Helvetia" stieg die Gesellschaft ab 1832 ins Geschäft ein. Der Dampfer „Helvetia" wurde von Konstanz aus vielfach zu Fahrten über den Rhein bis nach Schaffhausen, die weit größere und stärkere „Leopold" zu Fahrten auf dem Obersee eingesetzt.

In diese Zeit fällt eine Aufzeichnung, die Johann Jakob Mezger (1783–1853), Pfarrer der Gemeinde Probstei Wagenhausen bei Stein am Rhein, am 15. Februar 1832 in sein Tagebuch schrieb und die da lautet: *„So eben, Morgens halb 11 Uhr, fährt das neüe Dampfschiff ‚Helvetia' von Constanz bey der Probstey vorüber: ein neüer interessanter Anblick, den wir hinfort alle Wochen ein Paarmal bekommen sollen. Wer sollte dem menschlichen Erfindungsgeiste Schranken setzen wollen, da er so merkwür-*

Wie schön die Hafeneinfahrt Lindau heute aussieht, beweist dieses Foto aus dem Jahre 1989 mit dem einlaufenden MS „Karlsruhe", aufgenommen an einem Sommerabend. Leuchtturm und Löwe wurden unter akribischer Einhaltung denkmalpflegerischer Gesichtspunkte renoviert und strahlen in frischen Farben. (BSB-Archiv: Giger)

dige Dinge hervorbringt. Ich wünschte, alle hundert Jahre wieder einmal auf diese Welt kommen und vernehmen zu können, was wieder Neües, Außerordentliches erfunden worden sey. Nicht unmöglich scheint es mir, daß man die Dampfmaschine noch zur Luftschifferey gebrauchen werde.

Das Dampfschiff ‚Helvetia', das nun alle Wochen bey gehörigem Wasserstand des Rheines nach Schaffhausen fahren soll, kam heüte wieder, und gewährte durch seinen schnellen und sichern Lauf einen imposanten, schönen Anblick. In hundert Jahren werden aber die Dampfmaschinen die Wälder und Brennmaterialien so erschöpfen, daß sie, wonicht in England doch auf dem festen Land, werden eingestellt werden müssen, es sey denn, man erfinde die Kunst auf wohlfeilere Art den Dampf zu bereiten, oder es werde eine andere Kraft entdeckt, um die Maschinen in Bewegung zu setzen.

Es kam heüte Abends mit einer großen Gesellschaft vom Bodensee herüber, und die Fahrt nach Schaffhausen ging glücklich in ¾ Stunden von Statten. Wäre wegen der Höllenglut unten im Schiff nicht immer etwelche Feüersgefahr, oder das Zerspringen des Dampfkessels, ungeachtet des Sicherheitsventils, zu besorgen, so ließe sich nicht angenehmeres denken als eine solche Fahrt auf einem Dampfschiff." (Deutsche Bundesbahn: 150 Jahre Schiffahrt auf dem Bodensee, S. 58)

Jetzt gab es seit 1824 also die in Friedrichshafen beheimatete Württembergische Dampfschifffahrtsgesellschaft sowie ab 1830 in Konstanz die badische „Schwester". Zu diesen beiden stieß fünf

Schiffsunfälle zwischen Dampfern gehörten vor Erlass strengster Vorfahrts- und Sicherheitsvorschriften auf dem Bodensee leider zu dem Tribut, den eine neue Technik anfangs oft kostet. Hier ist der Zusammenstoß der Dampfschiffe „König Ludwig" und „Stadt Zürich" vom 11. März 1861 dargestellt, der bei der „Ludwig" den totalen Untergang sowie den Tod von 13 Menschen und den Verlust von elf Stück Vieh nach sich zog. (BSB-Archiv: nach einer Lithographie von J. Wirth)

Jahre später nun ihr bayerisches Pendant, die „Dampfboot-Actiengesellschaft" in Lindau, deren Schiff „Ludwig" am 6. September 1837 vom Stapel lief und ab 1. Januar 1838 seine Fahrten aufnahm. Die „Ludwig" war übrigens das erste ganz aus Eisen gebaute Bodenseeschiff, war aber – auch das eine Besonderheit – neben der Maschine als Antrieb zusätzlich mit einer kompletten Einrichtung zum Segeln ausgestattet. So ganz haben die Bayern der neumodischen Dampfmaschine wohl noch nicht getraut ...

Nur der Vollständigkeit halber sei vermerkt, dass 1850 in Schaffhausen die „Schweizerische Dampfboot-Actiengesellschaft für den Rhein und Bodensee" gegründet wurde sowie 1855 in Romanshorn die „Bodenseedampfschiffahrt der Schweizerischen Nordostbahn-Gesellschaft". Schließlich komplettierte 1884 in Bregenz die „k. u. k. Österreichische Bodenseedampfschiffahrt" die Aktivitäten der „ausländischen" Anliegerstaaten.

Zu diesem Zeitpunkt waren die im deutschen Teil ansässigen Gesellschaften schon längst von ihren Eisenbahnen „geschluckt" worden: 1854 geschah das in Württemberg, 1862 in Bayern und 1863 in Baden. Die zuvor privaten „Dampfschiffahrtsanstalten" befanden sich nun fest in staatlichen (Bahn-)Händen.

Es ist jetzt an der Zeit, einen Blick auf die Aufgabenstellung der Bodenseeschifffahrt zu werfen, wie sie sich um die Mitte des 19. Jahrhunderts darstellte. Für den Transport der Waren und Passagiere über den See standen auf deutscher Seite folgende Häfen und Landestellen zur Verfügung: Lindau, Konstanz, Friedrichshafen sowie Sermatingen (heute Ludwigshafen). Auf österreichischer Seite waren dies Bregenz und Fußach sowie in der Schweiz die Städte Rorschach und Schaffhausen.

Auch die Beförderung von Post gehörte zu den Aufgaben der Schifffahrt – wobei gerade die Post zu den größten Befürwortern der Dampfschifffahrt zählte, weil diese eben wesentlich zuverlässiger und regelmäßiger verkehrte als die von Wind und Wetter abhängigen Lädinen. Schon bald schloss man daher mit den entstehenden „Dampfschiffahrtsanstalten" feste Beförderungsverträge.

Die Dampfer konnten sich auch nach den festen Ankunfts- und Abfahrtzeiten der „Post-Eilwägen" (sozusagen die über Land führenden fahrplanmäßigen Express-Postkutschen mit mehrmaligem Pferdewechsel unterwegs) in den Bodenseehäfen richten und somit die rasche Beförderung der Reisenden von Deutschland in die Schweiz und umgekehrt sicherstellen. So wurden bereits 1839 in Lindau, Friedrichshafen, Konstanz und Rorschach täglich ein bis zwei Schiffsanschlüsse an die dort verkehrenden „Eilwagenkurse" eingerichtet.

Als dann in den Jahren 1847 (im Herbst d.J. erreichte bekanntlich die erste Bahnstrecke von Ravensburg nach Friedrichshafen den See) bis 1863 die Eisenbahnen Deutschlands und der Schweiz aus verschiedenen Relationen den See erreichten, fanden sie eine gut eingerichtete und im Kursgeschäft bereits erfahrene Dampferflotte vor, die sie für ihre Zwecke sogleich voll nutzen konnten.

Infolge des immer stärker werdenden Güterverkehrs, den die Eisenbahnen an den See brachten, nahm auch der Schleppdienst für die Bodenseedampfer

Am 22. Februar 1869 überquerte die mächtige neue Dampffähre, die man kurze Zeit später ob ihres enormen Brennstoffverbrauchs nur „Kohlenfresser" nannte, das erste Mal den Bodensee zwischen Friedrichshafen und Romanshorn (siehe auch vordere Umschlagseite). Dieses Plakat, das vermutlich zur Kundeninformation diente, zeigt sehr deutlich die technischen Einzelheiten des Trajektes. (BSB-Archiv)

zu. Neben den normalen Schiffskursen mussten zusätzlich Frachtkurse und Güterschleppfahrten eingeführt werden. Ein Beispiel dazu: Der Schweizer Dampfer „Zürich" hat am 25. Dezember 1866 sage und schreibe acht Güterschleppboote mit zusammen 17.000 Zentnern Getreide von Lindau nach Romanshorn befördert – eine ganz enorme Leistung.

Doch der große Zeitaufwand des Umladens von der Bahn aufs Schiff und umgekehrt veranlasste letztlich die Eisenbahnen, im Jahre 1867 versuchsweise den „Trajektverkehr" auf dem Bodensee einzuführen, bei dem die Güterwagen mit ihrer Ladung direkt auf den Kahn gerollt und „trajektiert" wurden (nach dem lateinischen *trajectus* = Überfahrt). Somit konnte das zeitaufwendige Umladen der Fracht eingespart werden.

Hierzu baute man die Häfen Lindau, Friedrichshafen und Romanshorn zu „Trajektanstalten" um. Der bayerisch-württembergisch-schweizerische Gemeinschaftsverkehr wurde im Februar 1869 aufgenommen. Der schon vorgestellte Schweizer Schiffslieferant Escher Wyss war es, der die beiden für Bodenseeverhältnisse geradezu gigantischen Trajektdampfer dafür baute, von denen der eine bis heute als „Kohlenfresser" in den Erinnerungen so manchen Dampferfreundes präsent ist. Die offiziell „Dampftrajekt I" genannte, 70 m lange Großtrajektfähre kam am 22. Februar 1869 auf der Verbindung Friedrichshafen – Romanshorn in Fahrt. Sie konnte auf zwei Gleisen 18 Güterwagen befördern; ihre Tagesleistung lag somit bei 50 Waggons in jeder Richtung und sogar 70 mit einem Trajektkahn im Schlepp. 1871 erzielte der „Kohlenfresser" übrigens seine absolute Jahresbestleistung mit 14.684 übergesetzten Güterwagen. Drei Jahre später, 1874, folgte eine nochmals 4 m längere Trajektfähre, die sog. „Dampftrajekt II", die für die Strecke Romanshorn – Lindau eingesetzt wurde und ebenfalls pro Fahrt 18 Güterwagen transportieren konnte. Diese blieb bis kurz vor dem Ersten Weltkrieg in Betrieb. Von 1914 bis 1927 lag das Schiff dann, fast vergessen, im Lindauer Werfthafen – in die Werft aufslippen konnte man das Schiff seiner Größe wegen nicht. Nach einigem Hin und Her schleppte es schließlich der Dampfer „Nürnberg" nach Altenrhein zum Abwracken.

Bereits Anfang der 1870er-Jahre musste man daher weitere Trajektanstalten in Konstanz und Bregenz einrichten. Bis zur Jahrhundertwende nahm dieser Verkehrszweig wegen der noch fehlenden Gürtelbahn um den Bodensee einen großen Aufschwung. Als jedoch 1901 das letzte Teilstück des Bahnringes um den See auf deutscher Seite fertig gestellt wurde, sank der Stern des bis dahin florierenden Trajektverkehrs rasch ab und er wurde nach und nach aufgegeben. Auch die allerletzte Trajektverbindung, die bereits 1869 in Betrieb gegangene Relation Friedrichshafen–Romanshorn, existiert für Eisenbahnwagen seit 1976 nicht mehr. Die hier eingesetzten, nunmehr Kraftfahrzeuge und Passagiere befördernden Großfährschiffe wie das komfortable MF „Euregia", erfreuen sich heute außerordentlich großer Beliebtheit. Dieses Fährschiff übrigens ist das erste, das Deutschland und der Schweiz je zur Hälfte gehört – ein exzellentes Musterbeispiel multinationaler Zusammenarbeit.

Das nur 16,5 m lange Schraubenboot „Stadt Radolfzell" fuhr vor der Jahrhundertwende als „Caroline" in österreichischen Diensten. Es kam um 1905 auf den Bodensee und wurde hier von der Stadtverwaltung Radolfzell in der Verbindung zur Höri Gemeinde Iznang und auf die Insel Reichenau eingesetzt. Im Sommer 1919 wollte das kleine Schiff eine Ladung Frühkartoffeln von der Reichenau nach Radolfzell befördern, sackte unterwegs aber weg und ging mit der (damals wertvollen) Ladung unter. Später gehoben, war das Schiff fortan nur noch der „Kartoffeldampfer"!

Schließlich wurde die alte durch eine neue „Stadt Radolfzell" ersetzt (siehe Abbildung auf S. 44), deren Inneneinrichtung auf dieser Aufnahme von 1926 zu sehen ist. Bei Mobiliar und Ausrüstung kommen hier die im Buchkapitel beschriebenen „mageren Zwanziger" besonders deutlich zur Geltung – aber die Fahrgäste waren damals auch wesentlich anspruchsloser als heute. (Beide Abbildungen: BSB-Archiv)

Der Unterschied zwischen einem „Salon"- und einem „Halbsalon"-Dampfer (oben: „Kaiser-Wilhelm" von 1871, unten „Friedrichshafen" von 1909) ist auf diesen Vergleichsfotos besonders deutlich zu erkennen: Die achtern gelegene Kajüte ist beim klassischen „Halbsaloner" nach unten in den Rumpf hineingebaut und bietet dem auf dem Bodensee oft überraschend auftretenden starken Seitenwind weniger Angriffsfläche – fürs Manövrieren in engen Häfen nicht unwichtig. (Bild oben: Archiv Fritz; Bild unten: BSB-Archiv)

1871–1914: Luxus-Dampfer auf dem Bodensee

Wie es in der zweiten Hälfte des 19. Jahrhunderts mit der Bodenseeschifffahrt voranging, zeigt am besten ein kurzer Blick in die Geschichte: Am 12. Februar 1867 hatte Otto von Bismarck die Staatsgeschäfte als Kanzler des Norddeutschen Bundes übernommen. Er bemühte sich von Anfang an, die lästige „Kleinstaaterei" (unter der auch – immer noch – die Schifffahrt auf dem Schwäbischen Meer litt) durch ein einheitliches Staatsgefüge zu ersetzen. Auf der Woge des militärischen Sieges über Frankreich wurde am 18. Januar 1871 Wilhelm I., König von Preußen, im Spiegelsaal des Schlosses von Versailles zum Kaiser des neu geschaffenen Deutschen Reiches ausgerufen. Und sogleich setzte eine stürmische wirtschaftliche und gesellschaftliche Entwicklung im neuen Kaiserreich ein, das sich unter Reichskanzler Bismarck zügig vom Agrar- zum Industriestaat wandelte: Aus kleinen Gewerbebetrieben waren riesige Fabriken entstanden, die mit einer großen Zahl von Beschäftigten Waren in Massenproduktion herstellten. Dadurch wuchs auch die Bevölkerung in Deutschland rasch. Betrug sie 1870 noch 40 Millionen Einwohner, sollte sie bis 1913 auf 67 Millionen anwachsen! In demselben Zeitraum stiegen die Leistungen der Ein- und Ausfuhren gar um das Fünffache – ein gewaltiger Aufschwung in Wirtschaft und Industrie nahm seinen Lauf (M. Friese: 150 Jahre Marine in Deutschland, S. 15).

Dieser Aufschwung zeigte sich natürlich auch in der hier behandelten Bodenseeregion. Neben den nach wie vor gut eingeführten Schweizer Schiffslieferanten Sulzer und Escher Wyss stießen jetzt auch immer mehr deutsche und österreichische Werften in die Spitzengruppe vor, so z.B. J.A. Maffei in München, der bereits als „Hoflieferant" für innerbayerische Seen einen guten Namen hatte, ferner Gebr. Sachsenberg aus Rosslau an der Elbe sowie die Stuttgarter Maschinenfabrik Kuhn, die mit der Schiffswerft Andersen in Neckarsulm zusammenarbeitete (um hier auch einmal einen sonst völlig unbekannten Bodenseeschiffshersteller zu nennen). Die Bodan-Werft in Kressbronn übrigens, 1919 als einziges direkt am Bodensee liegendes Unternehmen gegründet, trat erst im Laufe des „Dieselzeitalters" richtig in Erscheinung, dann aber gleich mit Riesenschritten durch den Bau fast aller Bodensee-Fähren und modernen Fahrgast-Motorschiffen für die BSB. Die Deggendorfer Werft und Eisenbau GmbH, ein weiterer Schiffslieferant auf dem Schwäbischen Meer, war eine Tochter-Gesellschaft der Gutehoffnungshütte. Auch die Werft Ruthof in Mainz fungierte mehrmals als Schiffslieferant für den Bodensee.

Die Österreicher vertrauten von Anfang an ihren gut eingeführten Österreichischen Schiffswerften AG in Linz-Korneuburg (heute: Öswag-Werft Linz AG), die u.a. im Jahre 1910 den prächtigen Salondampfer „Stadt Bregenz" oder, ein Beispiel aus neuerer Zeit, das Motorschiff „Graf Zeppelin" lieferte.

Da – bis auf eine Ausnahme – alle genannten Bauwerften meilenweit vom Bodensee entfernt ansässig waren, wurden und werden noch heute die Schiffe sozusagen zwei Mal gebaut: zunächst auf der Heimat- oder Haus-Werft und dann noch einmal auf einer Montagewerft direkt am See. Die Werft fertigt das Schiff von Anfang an in „transportfähigen Sektionen", schraubt sie aber am Ort zusammen und kontrolliert damit, „ob alles paßt". Für den Transport werden die einzelnen Teile dann wieder demontiert, um sie – früher per Bahn, heute oft per Straßenlader – zum Einsatzsee fahren zu können. Hier befindet sich immer mindestens eine Helling, also eine Aufzieh- oder Slipanlage, wie sie an jedem See für Winterlager sowie Instandhaltungs- und Reparaturarbeiten an den Schiffen benötigt wird – für BSB-Schiffe am Bodensee waren dies früher Lindau, Friedrichshafen und Konstanz. Nur ganz kleine Personenboote können in einem Stück zum Bodensee transportiert werden. Für alle anderen erfolgt – wie gesagt, trotz der zweimaligen Kosten – die Endmontage am See. Allerdings wird diese von nur wenigen Mitgliedern der Bauwerft, dafür aber umso mehr reedereieigenen Leuten im Winter durchgeführt, wenn der übrige Schiffsbetrieb ruht. Der willkommene Nebeneffekt daraus ist natürlich auch der, dass die (sonst im Winter beschäftigungslosen) Mitarbeiter der Schiffsgesellschaft somit ganzjährig ihren Job behalten können.

Zurück in die historische Entwicklungs-Geschichte der BSB: Ende des 19. Jahrhunderts waren die Anfangsschwierigkeiten der ersten Bodenseedampfer vergessen. Die Maschinenleistungen hatten, von 20 PS ausgehend, nunmehr Größenordnungen von 600 bis 700 PS (440 bis 510 kW nach heutiger Norm) erreicht. Erst recht für immer vorbei waren auch die Zeiten der primitiven Eindeck-Fracht/Fahrgastschiffe, auf denen die Passagiere mehr schlecht als recht, sozusagen als notwendiges Übel, mitgenommen wurden.

Die Aufgaben der Bodenseeschifffahrt hatten sich eben völlig gewandelt: weg vom Güter-, hin zum Ausflugsverkehr. Dies bewirkte auch die Ablösung der Eindeckdampfer aus der Frühzeit, die ja kaum Komfort aufwiesen und reine Zweckbauten darstellten, und die Hinwendung zum Salondampfer.

Ganz kurz sei gleich der Unterschied zwischen Salon- und Halbsalondampfer erläutert: Der Dampfer „Kaiser Wilhelm" etwa, am 12. Juli 1871 in Betrieb genommen, war ein „Decksalon-Dampfer", dessen achtere Kajüte nun genau dieselbe Deckshöhe aufwies wie das Vorschiff. *„Die rote Plüschpracht des Salons I. Classe nötigte uns ehrfürchtiges Staunen ab"*, beschrieb ein Fahrgast damals diesen komfortablen Aufenthaltsraum, der sich von den vorher üblichen unter Deck liegenden Kajüten so sehr unterschied. Aber der Komfort hatte auch seine Nachteile, da nämlich der hohe, achtere Decksaufbau dem Wind eine große Angriffsfläche bot und so bei stürmischem Wetter, das ja auf dem Bodensee schnell aufzieht, zu großen Problemen für das Fahren und Anlegen des Schiffes führen konnte. Die Konsequenz nach einem starken Oststurm im November 1873 – als „Kaiser Wilhelm" im Konstanzer Hafen gegen die Badeanstalt getrieben wurde – war das Schiff mit nur einem halb so hohen achteren Decksaufbau auszustatten: der „Halbsalondampfer" war geboren. Der von Gebr. Sulzer für die Badische Staatseisenbahn 1877 gelieferte Dampfer „Greif" besaß als erstes Schiff den zur Hälfte *„in den Schiffsrumpf eingelassenen"* Salon, der also auch nur halb so hoch aus den Aufbauten herausragte und demzufolge dem Wind nur die Hälfte an Angriffsfläche bot. Dieser Schiffstyp wurde bald Standard auf dem Bodensee – bis 1913 folgten dem „Greif" nicht weniger als 13 Halbsalondampfer.

Jetzt bestimmten Luxus, Größe und Bequemlichkeit den Bau und die Ausstattung der Schiffe auf dem Schwäbischen Meer, und schon ihre Namen genügten, um eine Aura aus Vornehmheit und Ma-

Die für die damalige Zeit sehr hochwertige Aufnahme von Friedrichshafen zeigt im Vordergrund Dampfschiff „Eberhard", rechts dahinter DS „Helvetia" und links DS „Christoph". In der Bildmitte hinten entstand später der Hafenbahnhof. (BSB-Archiv)

jestät heraufzubeschwören. Sie waren fast alle benannt nach Kaisern und Königen: „Max Joseph"; „Koenig Wilhelm"; „Ludwig"; „Leopold"; „Kronprinz"; „Kaiser Wilhelm"; „Habsburg"; „Maximilian"; „Prinz-Regent"; „Rupprecht" oder „Königin Charlotte" und „König Karl", so hießen die großen Passagierdampfer vor und nach der Wende ins 20. Jahrhundert. Nie zuvor hatte die Bodenseeschifffahrt eindrucksvollere Fahrzeuge hervorgebracht, und nie zuvor wurden auf den Dampfern die für die Fahrgäste vorgehaltenen unterschiedlichen „Klassen" so streng getrennt, hielten die vornehmen Passagiere an ihren Zöpfen fest. „*Der Salon und das Oberdeck bitte für die feinen Herrschaften – das einfache Volk hat das Vorschiff zu benutzen*", konnte man damals schon beim Zusteigen hören.

Das Team der Luzerner Dampferzeitung um Kurt Hunziker hat diese Zeit vielleicht noch treffender beschrieben. In einer Betrachtung zum Vierwaldstätter See heißt es: „*Die Raddampfer sind unsere letzten Zeugen der ‚Schwimmenden Belle Epoque', der Zeit um 1900. Nicht nur in schiffs- und maschinenbautechnischer Hinsicht, sondern auch in Bezug auf die Intèrieurgestaltung sind die fünf noch fahrenden Vierwaldstättersee-Dampfer – zusammen mit denjenigen des Lac Lèman – einmalig auf der Welt. Im Gegensatz zu heute, wo Massen befördert werden, besuchten zur Zeit der Jahrhundertwende fast nur reiche Individualisten und Adlige unsere Touristenzentren. Dadurch wird erklärlich, weshalb zu Beginn des 20. Jahrhunderts die Erstklass-Salons der neu gebauten Raddampfer für die fremden Gäste so luxuriös eingerichtet wurden ...*"

Doch bei alldem sollte sich der heutige Leser auch vor Augen halten: Dies war nur die eine Seite des „*Großen Fahrvergnügens*" auf einem Dampfschiff – so sah es „oben" aus. „Unten" – unter Deck

Zum Vergleich die Situation 1934 (siehe vorherige Seite), wobei der ein Jahr zuvor fertig gestellte und sehr imposante Friedrichshafener Hafenbahnhof den meisten Platz für sich beansprucht. Das damals hochmoderne Luftschiff „Graf Zeppelin" ist eindeutig später einmontiert worden. Raddampfer „Bavaria", der unten an der Anlegebrücke liegt, wartet auf Passagiere nach Lindau. (Archiv der Luftschiffbau Zeppelin GmbH)

und vor der Maschine – herrschte hingegen knallharte Arbeitsatmosphäre! Hier war niemandem nach Feiern und Ausspannen zumute. Hier galt es, das Schiff fahrfertig zu halten, den nimmersatten Dampfkessel ausreichend mit Kohle zu versorgen und die Dampfmaschine zu bedienen und zu pflegen – und das häufig zehn oder zwölf Stunden lang – manchmal sogar noch länger!

„Oft kam es auf der abendlichen Rückfahrt vor, dass in Höhe der Schlosskirche von Friedrichshafen die letzten Kohlenreste zusammengekratzt werden mussten, um noch bis zum Hafen den notwendigen Mindestdruck zu halten", so erzählte Ende der 1980er-Jahre „Stuttgart"-Kapitän Helmut Wochner, der seine Laufbahn im Kesselraum der „Hohentwiel" begonnen hatte. Denn es kam alles darauf an, dass am nächsten Morgen, neben der Kohlenübernahme, gleich schnell wieder der Dampfdruck auf mindestens zehn Atmosphären „hochgefahren" war, *„sonst konnte man sich auf ein Donnerwetter des Maschinisten gefaßt machen, und das bei Dienstbeginn um 3.30 Uhr!"* Denn um 5.45 Uhr war Abfahrtszeit – komme was da wolle ... Erfahrene Heizer griffen deshalb oft zu dem Trick, das Feuer unter den Kesseln abends nach Dienstschluss nie ganz ausgehen zu lassen: Es wurde lediglich *„zurückgeholt"*, das bedeutete, dass der Heizer das Feuer *„zu Zweidritteln nach vorn"* holte und die Glut über Nacht mit Kohlenstaub abdeckte. Diese Methode hatte ein langgedienter Heizer voll im Griff, denn *„die paar Nachtstunden konnte man das Feuer ohne Risiko allein lassen"*, ohne dass etwas pas-

sierte. Und hatte am nächsten Morgen *„nicht die Mühe des Neuanzündens mit Papier, Anmachholz, Kienäppeln oder ähnlichem ..."*

Die zu befördernden Güter hatte man in der Zwischenzeit auf die rings um den See fertig gestellten Eisenbahnen „verlagert", so dass die Schiffe hauptsächlich nur Passagiere mitzunehmen brauchten. Es muss allerdings dazugesagt werden, dass die Bodenseeschifffahrt noch bis in die 1950er-Jahre ganzjährig verkehrte. Die Teilstrecke Friedrichshafen – Konstanz wurde sogar bis ins Jahr 1960 täglich und das ganze Jahr über befahren, auch an kalten Wintertagen.

Der heute nurmehr saisonale Ausflugsverkehr auf dem See ist eine Folge des regen Auto-Tourismus. Es wäre nach wirtschaftlichen Gesichtspunkten zurzeit einfach Unsinn, in den Wintermonaten einen den sommerlichen Ausflugslinien ähnlichen Längsverkehr auf dem Bodensee anzubieten – niemand würde ihn benutzen. Für das Winterhalbjahr genügen jetzt in aller Regel die beiden für Autos und Lkw geeigneten und ganzjährig stündlich betriebenen Querverbindungen Friedrichshafen – Romanshorn und Meersburg – Konstanz.

Zurück in die „wohlhabenden Jahre" vor dem Ersten Weltkrieg: Wie hoch und

Bei Nummer 3 dieser Bildfolge blickt der Betrachter nun seinerseits aus der Vogelperspektive auf Friedrichshafen hinab. In der Bildmitte wieder der große Hafenbahnhof, rechts daneben die Schiffswerft und davor das Schweizer Fährschiff „Romanshorn". An der Brücke jetzt die österreichische „Austria" sowie die deutsche „Karlsruhe". Fürwahr ein echtes internationales Schiffstreffen – für den Bodensee aber durchaus normal. (BSB-Archiv: F. Thorbecke)

Das Dampfschiff „Bavaria I" (1869–1912), das 1893 zum Halbsalondampfer umgebaut wurde. (BSB-Archiv)

bedeutungsvoll Einrichtung und Ausstattung, nicht nur des Salons, für einen neu in Dienst gestellten Bodenseedampfer in ihrem Stellenwert angesiedelt waren, zeigt uns eindrucksvoll ein Bericht im Friedrichshafener „Seeblatt" vom 17. April 1913, in dem es über den Stapellauf von DS „Hohentwiel" heißt:

„Der neue württembergische Halbsalondampfer ist nun auch in seiner inneren Ausstattung fix und fertig. Das Schiff macht, soweit sich bis jetzt beurteilen läßt, einen recht gefälligen Eindruck und bildet ohne Zweifel eine Zierde unserer württembergischen Bodensee-Flotte. Heute vormittag wurde damit begonnen, das Schiff vom Stapel zu lassen. Den neuen Dampfer hat die Firma Escher, Wyß u. Cie. in Zürich gebaut; die Innenausführung war der Firma Brauer u. Wirth, Vereinigte Möbelfabriken Stuttgart übertragen. Das Schiff hat einen Tiefgang im dienstfertigen Zustande von 1,30 Meter; mit 45 Tonnen oder 600 Personen beladen von 1,45 Meter. Die Schiffsmaschine ist eine 2-zylindrige Verbundmaschine mit Ventilsteuerung für überhitzten Dampf. Sie entwickelt 700 Pferdestärken bei 28 Kilometer Stundengeschwindigkeit.

Das Schiff ist zur vollsten Zufriedenheit der württembergischen Generaldirektion der Staatseisenbahnen ausgefallen: Der Dampfer zeigt in seinem Aeußern eine vornehme Bauart – die innere Ausstattung entspricht dem württembergischen Dampfertyp und zeigt einen gediegenen Geschmack. Auf die Einrichtung des Salons wurde großer Luxus verwendet. Zum ersten Male ist hier auch ein Bilderschmuck als Innendekoration angebracht worden. Die Rückseite des Salons ziert ein Gemälde der Feste Hohentwiel, nach der das Schiff bekanntlich seinen Namen führt. Hierin ist anscheinend der bayerische Dampfer ‚Lindau' bahnbrechend vorangegangen. Vielleicht folgt man an zuständiger Stelle auch in anderer Beziehung noch dem Beispiele Bayerns, indem man in Zukunft hier der Presse Gelegenheit gibt, das Schiff besichtigen bzw. einer Abnahmefahrt beiwohnen zu können.

Die ‚Hohentwiel' wird künftig auch für die Fahrten des Königlichen Hofes verwendet werden – bisher ist der Dampfer ‚Königin Charlotte' hierzu benützt worden."

1913 in Dienst gestellt, konnte das neue Schiff allerdings nur noch bei wenigen repräsentativen Anlässen des Hofes glänzen. Hierzu gehörten der 75. Geburtstag des Grafen Ferdinand von Zeppelin am 17. August 1913 und, etwas später, ein Besuch des Königs von Sachsen bei Württembergs König Wilhelm II.

Doch die Zeiten für Könige, Luxus und 2-Klassen-Gesellschaft auf dem Bodensee näherten sich ihrem Ende. Als am 28. Juni

1914 ein 19-jähriger Gymnasiast in Sarajevo den österreichischen Thronfolger Erzherzog Franz Ferdinand und seine Frau Sophie von Hohenburg erschoss, gab dies den äußeren Anlass für den Beginn des Ersten Weltkrieges.

Einen Monat später, am 1. August 1914, gingen in Europa die Lichter aus. Und mit dem Ausbruch des Krieges veränderten sich nicht nur die politischen Landschaften, sondern auch die traditionellen Verkehrsstrukturen auf dem Bodensee.

Gegenüber dem Dampferverkehr aus der Anfangszeit, der in erster Linie die Handels- und Verkehrsbeziehungen der Uferländer und -gemeinden untereinander und die Transitverbindungen zu gewährleisten hatte, hatte sich der Verkehr danach überwiegend als eine saison- und witterungsabhängige Ausflugs- und Repräsentationsschifffahrt für gekrönte Häupter dargestellt. Damit war es jetzt vorbei!

Obwohl – für die beiden modernsten Bodenseedampfer (modern, weil sie über wirtschaftliche Heißdampfanlagen verfügten) „Friedrichshafen" und „Hohentwiel" hatte der Krieg noch eine Schonfrist parat: Fast während der gesamten Kriegszeit von 1914–18 wurden sie auf mindestens einem wöchentlichen Längskurs von Konstanz nach Bregenz eingesetzt – mal mit Verwundeten, denen man auf diese Weise eine kleine Freude machen wollte, oft auch für Schulkinder oder Soldaten, die während der Kriegswirren auf Urlaub am Bodensee weilten.

Eigentlich erst in den unmittelbaren Nachkriegsmonaten kam es zu echten Betriebsunterbrechungen. Vom 16. Oktober 1919 bis 14. April 1920 war die Teilstrecke Friedrichshafen – Bregenz vollständig eingestellt, erst langsam erholte sich der übrige Verkehr.

Dampfschiff „Moempelgard" – noch nie gehört? Hier hat uns Bodenseekenner Fritz geholfen: Der Dampfer lief 1870 als „Hohenklingen" vom Stapel, änderte aber schon nach zwei Jahren seinen Namen in „Christoph". Doch auch dieser hatte nur fünf Jahre Bestand, bis das Dampfschiff 1877 schließlich in „Moempelgard" umbenannt wurde. Doch nach weiteren 25 Jahren fiel das Schiff an den ersten Besitzer zurück und so lief der Dampfer von 1902 bis 1957 wieder unter „Hohenklingen". Immerhin wurde er 87 Jahre alt! (BSB-Archiv)

Die mageren, frühen Zwanziger

Obwohl die 1920er-Jahre in vielen historischen Betrachtungen als „neuer Aufschwung", lebendiger „Beginn einer Neuen Zeit" oder „endgültiges Zugrabetragen der Vergangenheit" bezeichnet wurden – für die Bodensee-Schiffsbetriebe war zumindest der Anfang dieses Jahrzehnts eher negativ.

Der trübe Beginn der Zwanzigerjahre fiel bei der (deutschen) Bodenseeschifffahrt mit einem Paukenschlag zusammen, der „nicht so ganz ohne" war: Mit Wirkung vom 1. April 1920 ging der gesamte Schiffsbestand der gemäß Regierungsanweisung aufgelösten Länderbahnen in den Besitz der neu gegründeten Deutschen Reichsbahn über. Verwaltungsmäßig änderte sich zwar nicht viel – denn die württembergischen Schiffe gingen an die neu entstandene Reichsbahndirektion Stuttgart, die badischen an die Direktion Karlsruhe und die bayerischen an die Augsburger – aber das dicke Ende kam nach!

Die Deutsche Reichsbahn verfügte zwar nun über ein Streckennetz von 53.560 km und beschäftigte über 1 Mio. Mitarbeiter – aber sie war arm, bitterarm im wahrsten Sinne des Wortes. Sie hatte neben ihrem durch Reparationsabgaben an die Sieger belasteten Haushalt noch nicht vollendete Eisenbahnstrecken fertig zu bauen, ihren durch den Krieg total veralteten Wagenpark dringend zu überholen, und es galt, neue Lokomotiven und Reisezugwagen anzuschaffen. Denn die nur einigermaßen erhaltenen und funktionsfähigen Fahrzeuge hatte man an die Siegermächte abgeben müssen: 5.000 Lokomotiven und 150.000 Wagen der neuesten Bauarten. Hinzu kam, dass man den Fahrzeugbestand (und natürlich auch die Bodenseeschiffe) in den Kriegsjahren vielleicht nicht heruntergewirtschaftet, aber zumindest nicht optimal instandgehalten hatte – es aus Zeit- und Personalmangel auch nicht konnte – und diese dringend einer Erneuerung bedurften. Zudem war das Geld schließlich nicht nur bei der Bahn knapp, sondern auch beim „normalen Volk". Eine Eisenbahn- oder Bodenseeschiffs-Fahrt, rein zum Vergnügen, konnte man sich einfach nicht leisten – die beginnende Inflation verschärfte diese Entwicklung weiter!

Auch nach dem Ende der Inflation und der Einführung der Rentenmark am 15. November 1923 blieb eine hohe Arbeitslosigkeit bestehen, außerdem waren alle privaten Spar- und Versicherungsguthaben vernichtet. Erst nachdem am 30. August 1924 die Reichsmark eingeführt wurde und erlaubte, dass sich die Menschen ab 1925 langsam wieder Rücklagen bilden konnten, normalisierten sich auch die Reisegewohnheiten und erlaubten immerhin erste Wochenendausflüge und später sogar kleinere Erholungsreisen.

Doch das ist fast schon Zukunftsmusik, denn davor kam es noch einmal ganz dick: Noch 1924 erklärte das Reichsverkehrsministerium mit allem Nachdruck, *„daß dem Ministerium keine Anleihmittel zur Verfügung stehen und sich die Reichsbahn lediglich mit den Einnahmen aus dem Güter- und Personenverkehr begnügen muß ..."*

Denn Deutschland war mit den im Versailler Vertrag verordneten Reparationslieferungen schon 1923 in Verzug geraten. Die Folge davon war, dass sich Frankreich und Belgien betrogen fühlten und kurzfristig das Ruhrgebiet besetzten. Der daraufhin 1924 vereinbarte „Dawes-Plan" sah vor, dass die Erlöse der Reichsbahn als Pfand für die deutschen Zahlungen an die Westmächte dienten. Anlagen und Fahrzeuge der Reichsbahn blieben zwar in deren Eigentum, doch der erwirtschaftete Gewinn musste abgeführt werden. Zudem ging die Betriebsführung jetzt in die neu gegründete sog. „Deutsche Reichsbahn-Gesellschaft DRG" über, an der die Siegerstaaten ein bedeutendes Mitspracherecht erhielten.

Und der Mangel auf allen Gebieten traf auch für das Tochterunternehmen Bodensee-Schiffsbetriebe zu. Die durch die lange Kriegszeit z.T. stark reparaturbedürftige Flotte verlangte dringend nach neuen Investitionen: Die Dampfmaschinen waren aufgrund des Krieges nur soweit notwendig gepflegt worden – Kolben und Kolbenstangen mussten dringend nachgearbeitet, die Pleuellager z.T. neu ausgegossen werden (Fachausdruck: Gleitlager „doppeln"). Aufgrund der langen Liegezeiten in den Jahren 1914–18 waren auch die meisten Kessel undicht, Flammrohre mussten neu eingewalzt und die Schamottauskleidungen der Feuerlöcher nachgearbeitet werden. Zudem waren die Übertragungselemente zu den Schiffsbrücken in vielen Fällen stark verschlissen, Sprachrohre und Telefonleitungen an Bord hätten dringend ersetzt werden müssen, und defekte Steuerräder sowie Rudermaschinen harrten ihrer Überholung.

Neben den technischen Instandsetzungen im Schiffsinneren mussten alle Dampfer zu genauen Nachuntersuchungen der Schiffsschale aus dem Wasser

Das Motorboot „Möve" wurde 1877 als Güterschlepper gebaut und ist seit 1920 als Ramm- und Arbeitsschiff unterwegs. Hier befindet es sich auf einer sonntäglichen Extrafahrt – wie sie auf den Schweizer Seen neuerdings auch die sog. „Nauen" bei Passagier-Sondertouren unternehmen. (BSB-Archiv)

gehoben und in der Werft neue Unterwasseranstriche angebracht sowie die Schaufelräder mit ihrer komplizierten Mechanik überholt werden.

Hunderte von Stunden waren für jedes Schiff erforderlich, um die in den vergangenen fünf bis sechs Jahren nur notdürftig unterhaltenen Inneneinrichtungen wie Mobiliar, Ausstattung der Räume und Sitzgelegenheiten für die Fahrgäste auf den neuesten Stand zu bringen. Dabei hätte man auf Komfort und Luxus, wie in der „reichen Zeit" um die Jahrhundertwende, gern verzichtet – wenn die Schiffe wenigstens einigermaßen fahrbereit und vorzeigbar hätten hergerichtet werden können. Und das galt auch für die Landanlagen und Anlegestege, die hier am Bodensee in die Obhut der Schiffsbetriebe fallen – anders als in der Schweiz.

Arbeit über Arbeit also. Denn ob Kapitän, Matrose, Maschinist oder Heizer, sie alle waren gelernte Handwerker und demzufolge in den Betriebspausen auch für den Unterhalt der Schiffe verantwortlich. Allerdings: Überholungs- und Wartungsarbeiten kosten Geld und dies war aus den oben erläuterten Gründen einfach nicht vorhanden! So standen die aus dem Kriege zurückgekehrten Schiffspersonale machtlos herum und mussten mit ansehen, wie ihre vertrauten Dampfschiffe mehr oder weniger untätig in den Häfen vor sich hin rosteten!

Diese deprimierende Zeit bei der Bodensee-Dampfschifffahrt hielt an: die ganzen direkten Nachkriegsjahre und über die unglückselige Inflationszeit hinaus, insgesamt länger als ein halbes Jahrzehnt nach dem Ende des Ersten Weltkrieges.

Ab Mai 1926 verkehrte eine neue „Stadt Radolfzell", das erste Doppelschrauben-Motorschiff aus der Bodan-Werft in Kreßbronn und das erste Dieselschiff für die Bodenseeflotte überhaupt (siehe auch untere Abbildung auf S. 33). (BSB-Archiv)

Langsam geht's bergauf

Doch trotz der katastrophalen Zustände auf den Schiffen wussten sich die Besatzungen zu helfen, machten das Unmögliche möglich und richteten im Laufe der Zeit ihre Dampfer wieder her. Wie immer nach einer Reihe von schweren Jahren trat bei den Menschen eine ihrer hervorragendsten Eigenschaften in Notzeiten zutage: das gekonnte Improvisieren. Ideen und Einfallsreichtum waren daher auch bei den Crews der Bodenseeschiffe an der Tagesordnung. Der Teufel mochte wissen, wie – aber sie schafften es, ihre Schiffe wieder fahrfertig zu machen, die Maschinen zu reparieren sowie Einrichtungen und Ausrüstung auf Vordermann zu bringen.

Und so unglaublich es klingen mag – bereits 1925/26 rückte die Zahl der beförderten Passagiere auf dem Bodensee wieder in die Nähe der Millionengrenze! In der zweiten Hälfte der Zwanzigerjahre kamen nämlich die Fahrgäste zuhauf: Eine zunehmende Mobilität der breiten Bevölkerungsschichten führte zur ersten großen Reisewelle, vergleichbar dem Massentourismus, den die Älteren unter uns auch nach dem Zweiten Weltkrieg kennen gelernt haben.

Der Unterschied lag lediglich in der Weite der Reise: In den Zwanzigern begnügte man sich mit Schwarzwald und Bodensee, während es in „unserer Zeit" mindestens Mallorca oder andere Fernziele sein müssen.

Neben dem Dampfschiff „Stadt Überlingen" von 1929–63 und dem heutigen Dreideck-Motorschiff „Überlingen" von 1935 hat es auch einmal ein Motorboot „Überlingen" gegeben: Das vom Baujahr 1927 stammende MB „Höri" wurde nämlich 1964 in „Überlingen III" umgetauft und lief drei Jahre unter diesem Namen. (Karl F. Fritz)

Auf der seit 1869 bestehenden Querverbindung Friedrichshafen – Romanshorn kam ab 1929 das erste Diesel-Trajektschiff zum Einsatz: MF „Schussen"; oben die Fähre gleich nach ihrer Inbetriebnahme. Auf dem unteren Bild von 1952 ist sie nach großem Umbau, besonders der Passagiereinrichtungen, gerade erneut wieder in Dienst gegangen. (Beide: BSB-Archiv)

Obwohl sich die von den früheren Länderbahnen übernommenen Dampfschiffe nach wie vor gut bewährten, wurde nun der Ruf nach mehr Qualität auch für die Passagiere der 2. Klasse laut. Denn die Mehrheit der jetzigen Fahrgäste waren Menschen mit mittlerem Einkommen. Das Gebot der Stunde für die meisten Fahrgäste dieser Zeit war also: zum „Kleinverdienerpreis" Ferien zu machen. Und auf diese Klientel hatten sich die Reiseunternehmen einzustellen.

Eines der größten unter ihnen war das schon Mitte des 19. Jahrhunderts gegründete Reisebüro von Thomas Cook: Wer bei ihm buchte, brauchte sich um die Organisation seiner Reise *„in die Kur oder zur Sommerfrische"* nicht mehr zu kümmern. Das Unternehmen übernahm sozusagen schlüsselfertig die gesamten Einzelposten von der Fahrkartenbeschaffung bis zur Unterkunft, der Stadt- und Museumsbesichtigung bis hin zur Abendgestaltung, wo man auf organisierte Varietédarbietungen oder Konzerte gehen konnte. Nach dem Vorbild von Thomas Cook entstanden bald weitere Reisebüros, die natürlich nun in der zweiten Hälfte der Zwanzigerjahre auch die immer beliebteren Bodenseereisen organisierten.

„Königliche" Passagiere mit dem großen Geld wie vor dem Ersten Weltkrieg existierten nicht oder fast nicht mehr – jedenfalls musste man sie mit der Lupe suchen.

Denn früher waren nur hochherrschaftlichen Kreise „in die Sommerfrische" gefahren – aber schon um die Jahrhundertwende gehörten viele Gäste dem sog. „Mittelstand" an. Nach dem Krieg und den ersten Hungerjahren verwischten sich Klassendenken und Standesunterschiede noch mehr und schließlich fuhr auch derjenige in Urlaub, der sich sein Geld mit den eigenen Händen verdienen musste – und das waren die meisten.

Die Reichsbahn machte jedenfalls mit. Erstmals schon 1924, also lange vor der großen Reisewelle, hatten die nunmehr zuständigen Reichsbahndirektionen Karlsruhe, Stuttgart und Augsburg am runden Tisch angedacht, dass mittelfristig Dampfer oder Motorschiffe (die ersten Schiffs-Dieselmotoren hatten ihre Bewährungsprobe bereits 1913 abgelegt) für den Bodensee anzuschaffen seien, die neben höherem Fahrgastkomfort auch ein größeres Passagieraufkommen garantieren sollten. Doch nun kam der Pferdefuß: Noch immer waren für Neuinvestitionen keine Mittel frei, und Berlin stellte in absehbarer Zeit auch nichts dergleichen in Aussicht.

Ab 1926/27 sah das nun anders aus: Die Bodenseeflotte konnte für die jüngst zurückliegenden Jahre gute Ergebnisse vorweisen. Durch die knochenharte Arbeit ihrer Besatzungen bei der Instandsetzung der Schiffe und dem echten Fahrvergnügen, das die Dampfer ihren Passagieren dadurch bieten konnten, war die Anzahl der Fahrgäste so stark gewachsen, dass schwarze Zahlen geschrieben wurden. Mit anderen Worten: Es blieb so viel übrig, dass die Schiffe – wie in der Vorkriegszeit – wieder Geld abwarfen.

Der an die Direktionen abgeführte Gewinn ließ sich sehen und stellte den Bodensee-Schiffsbetrieben ein hervorragendes Zeugnis ihrer Arbeit aus. Und die Folgen ließen nicht lange auf sich warten.

Schnell schwenkte nämlich die Meinung der Reichsbahn-Generaldirektion im fernen Berlin um. *„Dort am Bodensee ist ein hohes Wachstum zu erwarten"*, sagte man sich, *„hier machen sich unsere Investitionen bezahlt! Wir haben gute Leute – warum sollen wir denen nicht auch gute Schiffe zur Verfügung stellen?"* Rasch ließ man daher durchblicken, dass der Neubau von ein oder zwei großen Schiffen durchaus möglich sei und höheren Ortes befürwortet würde.

Und auch für die Schiffsbetriebe kam etwas hinzu. Man hatte gelernt, dass der

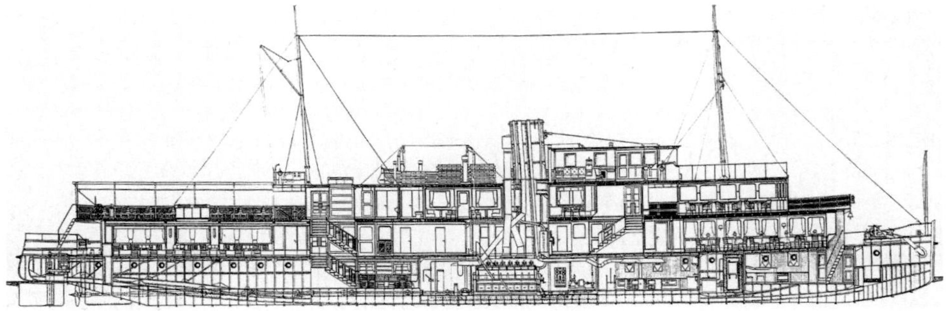

Eine Schnittzeichnung durch die gesamte „Allgäu", wie sie 1929 für anfangs 1.200 Passagiere an die (bayerische) Bodenseeflotte geliefert wurde. Das imposante Schiff hatte neben dem damals noch neuen Dieselantrieb auf Doppelschrauben auch besonders große Fahrgasträume mit Rüsterholztäfelung sowie spezielle Wohnräume für die Besatzung. (BSB-Archiv)

Güterverkehr mit den Dampfern seine frühere große Bedeutung nicht mehr wiedererlangen würde. Dieser einstmals wichtige Zweig verlagerte sich immer mehr auf die Eisenbahn, die um den Bodensee – wie schon geschildert – einen vollen Ring bildete. Als gute Querverbindung galt die Relation Friedrichshafen – Romanshorn und die genügte vollauf – alle anderen Gütertransporte konnten durch die ausgezeichnet funktionierenden Gürtelbahnen getätigt werden. Warentransporte mittels der Dampfer, gar noch mit Anhängeschiff, liefen mehr und mehr aus!

Daher wurde auf den Schiffen das lange – bisher für Güter und Fracht benutzte – Vorschiff mit Passagiersitzen ausgerüstet. Auch das „Salondeck", bisher eine Domäne der königlichen Häupter sowie der Reichen und Vornehmen, wurde den 2. Klasse-Passagieren zugänglich gemacht.

Insgesamt wollte man aber die veralteten Raddampfer aus der Zeit der Jahrhundertwende mittelfristig loswerden, denn zuviele Umbauten vertrugen sie auch wieder nicht, und ihr Fassungsvermögen ließ sich durch noch so raffinierte Abänderungen und Erweiterungen nicht beliebig steigern.

Doch wie sah es mit den neu entwickelten Motorschiffen aus, die in der Schweiz bereits fuhren und die man auch für den Bodensee jetzt dringend gebraucht hätte? Man überlegte, wägte ab und erhitzte sich an dem Für und Wider. Obwohl von Berlin grünes Licht für zwei Neubauten gegeben worden war, kam man am deutschen Bodenseeufer mit der Entscheidung zunächst nicht recht weiter.

Dieselben Überlegungen stellten übrigens auch die österreichischen Nachbarn an. Sie hatten, wie Deutschland, den Krieg verloren und standen vor einem Neuanfang – ihr Dampfschiff „Stadt Bregenz" als einziges Großfahrgastschiff für ein Fassungsvermögen von 1.000 Personen reichte für den aufkommenden starken Ferienbetrieb allein nicht mehr aus, ein zweites, gleich großes Schiff musste her.

Was also tun? Man entschied sich in Bregenz relativ schnell für ein neues großes Doppelschrauben-Diesel-Motorschiff, nannte es schlicht MS „Österreich" und stellte es bereits 1928 in Dienst. Das Motorschiff wurde sofort ein voller Erfolg. Die „Österreich" fährt noch heute und hat einen festen, immer noch begeisterten Kundenstamm, der den über 75 Jahre alten Veteranen hegt und pflegt und ihn zu Linien- und Sonderfahrten ausgesprochen gern benutzt – auch im neuen Jahrtausend.

Angesichts dieser Nachrichten aus Bregenz arbeiteten die BSB'ler unbeirrt weiter. Anders als ihre Nachbarn trauten sie dem neuen Dieselmotor als Antriebsmaschine für ein Großfahrgastschiff noch nicht die gleiche Zuverlässigkeit im harten Alltagsbetrieb zu wie der guten alten Dampfmaschine. Man wollte nach allen Seiten sichergehen und entschied sich nach langen Überlegungen für einen Kompromiss: ein Schiff mit Dampf- und ein Schiff mit Dieselantrieb hieß daher die Entscheidung!

Der Schriftsteller und Dichter vom Bodensee, Ludwig Finkh, schrieb in dieser Zeit zum gleichen Thema: *„Es ist ein eigen Ding um die Schiffahrt auf dem Bodensee. Vor 100 Jahren wurde das erste Dampfboot ins Wasser gelassen – heute gibt es eine Bodenseeflotte von 45 Dampfern, die eine halbe Million Reisende im Jahr befördern. Jeder Deutsche muß einmal in seinem Leben über den Bodensee gefahren sein und in ihm gebadet haben. Viele können es gar nimmer lassen.*

Aber die großen Dampfschiffe mit ihrem riesigen Verbrauch an Kohle haben sich heute für bestimmte Verhältnisse als unwirtschaftlich erwiesen, und an ihre Stelle treten mehr und mehr kleine, schnittige Dieselschiffe, die weniger Bedienung und noch weniger Betriebsstoff brauchen. So gut Kraftwagen und Eisenbahnen an sich sind: die staubige Landstraße wird nie einen Vergleich mit der glitzernden Wasseroberfläche aushalten können, die in ihrem Farbenspiel mit Sonne und Wolken wechselt. Darum wird es auch immer Menschen geben, die am Bodensee mit dem Schiff fahren wollen und nicht im Zug oder Auto." Und seien wir ehrlich – es ist heute noch so!

Noch einmal der 6,5 m hohe „bayerische Löwe" in Lindau, der 1853–56 vom Ingolstädter Bildhauer Johannes Halbig aus Marmor gemeißelt wurde. Dahinter das 1931 gebaute Motorschiff „Augsburg", ein Schwesterschiff der „Kempten" und wie dieses eines der ersten mit Voith-Schneider-Antrieb. (BSB-Archiv)

Zwei Neubauten für die (deutsche) Flotte

Lassen wir zum Einklingen in dieses Kapitel den ausgezeichneten Kenner des Bodensees, Karl F. Fritz, noch einmal zu Wort kommen: *„In der zweiten Hälfte der zwanziger Jahre dominierten zwar noch die Dampfschiffe, aber schon nach 1925 kamen die ersten Dieselmotorschiffe auf. Vorerst wurden nur mittelgroße und kleine Einheiten für den winterlichen Bedarfsverkehr auf dem Überlinger See und dem Untersee gebaut. Aber auch bei diesen Dieselmotor-Booten wie zum Beispiel ‚Stadt Radolfzell II', ‚Höri' und ‚Mainau' orientierte man sich am traditionellen Typ des Halbsalondampfers.*

Nach dem ersten größeren Doppelschrauben-Dieselschiff ‚Österreich' (siehe S. 48) *1928 stellte die Deutsche Reichsbahn im darauffolgenden Sommer ihre ersten Großbauten ‚Allgäu' und ‚Stadt Überlingen' in Dienst. Da mit dem Dieselantrieb auf Großfahrgastschiffen zunächst noch Erfahrungswerte gesammelt werden sollten, wurde die badische ‚Stadt Überlingen' als Dampfschiff und nur die bayerische ‚Allgäu' als Motorschiff gebaut."* (Kloser/Fritz: Das Dampfschiff Hohentwiel, S. 44)

Wie es dazu kam, wurde schon erklärt – aber warum diese Aufteilung? Im bayerischen Teil der Bodenseeschifffahrt etwa standen Anfang der Zwanzigerjahre lediglich sechs Dampfer zur Verfügung. Zwei dieser Schiffe, die 1869 erbaute „Kempten" sowie die zehn Jahre jüngere „Augsburg" waren in besonders schlechtem Zustand. „Kempten" wurde denn auch bereits 1921 ausgemustert und die Außerdienststellung der „Augsburg" war in wenigen Jahren zu erwarten. Weil dann mit den verbleibenden vier Schiffen ein geregelter Betrieb auf Dauer nicht möglich sein würde, entschied die Generaldirektion der Deutschen Reichsbahn in Berlin, dass einer der Neubauten für den Einsatz von

Das Herz eines Schiffes war 1929 natürlich der tageslichtdurchflutete Maschinenraum (hier auf der „Allgäu" mit den beiden 8 Zylinder-MAN-Dieseln) der während des Fahrbetriebes ständig mit mindestens zwei Mann besetzt war. So genannte „wachfreie" Maschinenräume kamen erst im Laufe der 1950er-Jahre auf. (BSB-Archiv)

Lindau aus vorzusehen sei. Doch bevor die Vergabe des Auftrages an die Werft ging, mussten die Fragen nach Fassungsvermögen, Grundkonzeption, Geschwindigkeit, Antriebsart und Manövrierbarkeit geklärt werden.

Zur gleichen Zeit sollte auch für die Reichsbahndirektion Karlsruhe ein Neubau auf Stapel gelegt werden, für den über die gleichen Fragen entschieden werden musste. Beide beauftragten Direktionen entschlossen sich für die Passagierkapazität von etwa 1.000 bis 1.300 Personen bei einer Dienstgeschwindigkeit von mindestens 25 km/h.

Nun konnte mit der Klärung zu Größe und Antriebsart begonnen werden. Die Modelltests in der Hamburgischen Schiffsbau-Versuchsanstalt ergaben, dass bei einer Schiffslänge von um die 60 m (bedingt durch die im 19. Jahrhundert gebauten, z.T. sehr engen Bodenseehäfen) auch ein Schrauben-Schiff mit Dieselantrieb bei entsprechender Ausbildung des Schiffskörpers ein für den Bodenseebetrieb akzeptables Stoppvermögen und gute Manövrierfähigkeit aufweisen könnte.

Man entschloss sich daher, die für Lindau bestimmte Einheit versuchsweise als Dieselmotor-Schiff mit Doppelschrauben in Auftrag zu geben. Allerdings wollte man das Risiko nicht eingehen, gleich beide Schiffe mit (dem für Großfahrgastschiffe noch unerprobten) Dieselantrieb auszurüsten. Deshalb wurde das zweite, für den badischen Heimathafen Konstanz bestimmte Schiff, wieder als Seitenraddampfer vorgesehen. Letztlich wurde aber gerade dieser Dampfer „Stadt Überlingen", das sei schon im Voraus verraten, etwas Besonderes. Doch dazu später mehr.

An dieser Stelle soll aber zunächst das erste große Motorschiff der (deutschen) Bodensee-Schiffsbetriebe behandelt werden.

Den Auftrag für dieses Motorschiff vergab man an die Stahl- und Eisenbaugesellschaft mbH, Deggendorf a.d. Donau – seine Kiellegung erfolgte im August 1928. Auf Antrag des Verkehrsvereins in Immenstadt erhielt das neue Schiff den Namen „Allgäu".

Einleitend ein Wort zu den Vortriebssystemen, die der Binnensee-Schifffahrt heute zur Verfügung stehen (und also auch auf dem Schwäbischen Meer anzutreffen sind): An den Dampfern wurden bisher fast ausschließlich Seitenantriebs-

Der Voith-Schneider-Antrieb, hier sein Prinzip, stellte eine echte Revolution beim Schiffsantrieb für Bodenseeschiffe dar – seine Wirkungsweise ist auf S. 55 ausführlich beschrieben. (Werkbild: Voith)

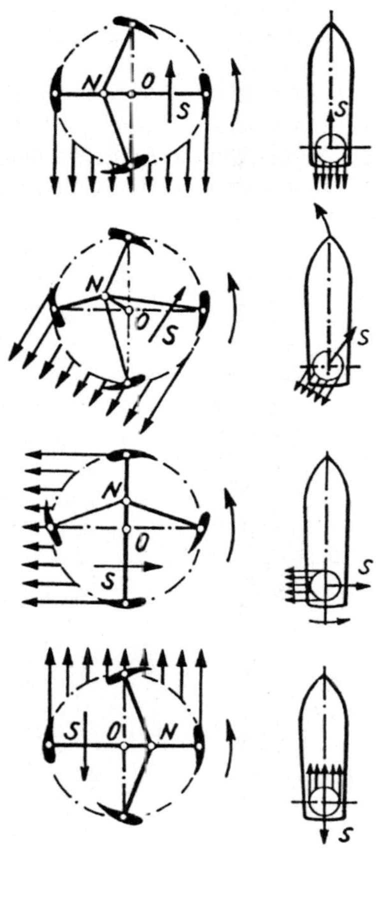

Schon in den 1930er-Jahren, mehr noch in den Fünfzigern, bestimmten die Voith-Schneider-Propeller einen der wichtigsten Produktionszweige der J.M. Voith GmbH im schwäbischen Heidenheim. (BSB-Archiv)

räder mit verstellbaren Radschaufeln verwendet, die i.d.R. von einer einzigen, quer eingebauten 2-Zylinder-Dampfmaschine angetrieben wurden (der Trajektdampfer „Kohlenfresser" aus dem 19. Jahrhundert besaß zwei Maschinen). Bei den neuen Motorschiffen nun hatten (und haben immer noch) die Schiffsbauer gleich eine ganze Reihe von Vortriebsarten zur Auswahl: Festpropellerantrieb bzw. Systeme mit verstellbaren Propellerblättern, dann den sehr flexiblen so genannten Schottelantrieb, ferner die Voith-Schneider-Anlage und in neuester Zeit die Wasserstrahldüsen. Alles das sind Einrichtungen, um ein Bodenseeschiff nicht nur „voraus", sondern auch „seitlich" anzutreiben und somit beim Anlegen und Manövrieren beweglicher zu machen, mit anderen Worten: das Schiff in jeder Lage in alle Himmelsrichtungen zu bewegen. Mit dem Voith-Schneider-Antrieb z.B. ist es möglich, auch ein großes Bodensee-Schiff mit über 1.000 Passagieren buchstäblich „auf dem Teller" zu drehen.

Außerdem kann ein zusätzliches, seitlich zu betätigendes Bugstrahlruder im Vorschiff die Manövrierfähigkeit noch weiter steigern und damit ein absolut problemloses An- und Ablegen des Schiffes selbst bei starkem Seitenwind oder Unterwasserströmungen ermöglichen.

Noch etwas musste bedacht werden: Früher benötigten Dampfschiffe bis zu neun Mann an „seemännischer" Besatzung, ohne das Restaurantpersonal. Die z. Zt. eingesetzten und meist noch größeren Motorschiffe kommen dagegen mit nur zwei bis drei Mann Besatzung aus, im Höchstfalle vier – eine Folge der moderneren Antriebe. Dazu kommen allerdings heute bis zu 15 Personen allein für den Restaurantbetrieb, auf sehr großen Motorschiffen oder bei Sonderveranstaltungen sogar noch mehr.

Aber so weit war man 1929, bei der Einführung der MS „Allgäu", noch lange nicht! Hinzu kamen die erneuten Schwierigkeiten, in denen sich die Wirtschaft nach dem „Schwarzen Freitag" Ende des Jahres befand, der bekanntlich die „Weltwirtschaftskrise" auslöste. Mehr als sechs Millionen Arbeitslose waren allein in Deutschland bis 1933 zu verzeichnen – die Menschen waren froh, wenn sie überhaupt genug zum täglichen Leben in der Tasche hatten. Wie zehn Jahre zuvor war, zumindest beim „kleinen Mann", nicht an Reisen zu denken.

Gut – die Bodenseeschiffsbetriebe hatten jetzt ein Großfahrgastschiff mit Dieselmotoren und dies wies gegenüber den bisher verwendeten Dampfern zahlreiche Vorteile auf:

- Eine wesentliche Einsparung an Betriebskosten durch das (1929!) noch sehr billige Dieselöl.
- Verringerung des Maschinenpersonals z.B. durch den Wegfall der Heizer.
- Reduzierung der extremen Rauch- und Rußbelästigung durch die meist stark qualmende Dampfmaschine.
- Größere Stabilität des Schiffes durch günstigere Unterbringung der Antriebsmotoren und Nebenaggregate.
- Bessere Drehfähigkeit durch den leistungsfähigen Antrieb gemäß der obigen Erläuterungen.

Voith-Schneider-Antriebe en gros gehen vom schwäbischen Heidenheim aus weltweit an Binnenschiffe, die mit besonders engen Verhältnissen in ihren Fahrrevieren konfrontiert sind. Auf dem Bodensee traf und trifft das noch heute zu, weil alle seine Häfen aus dem 19. Jahrhundert stammen und wenig Platz zum Drehen und Anlegen für die Berufsschifffahrt aufweisen. (BSB-Archiv)

- Günstigere Raumeinteilung und -ausnutzung.
- Bequemere und komfortablere Unterbringung der Fahrgäste.

Doch so ganz glücklich war man mit dem neuen Motorschiff immer noch nicht und zwar aus zwei Gründen:

Als Erstes stellte sich heraus, dass das Schiff trotz allem nicht groß genug war. Denn ab 1933/34 wollte man 1.300 bis 1.400 Fahrgäste in einem Schub auf die Mainau bringen – und das ging nicht! Ab dieser Zeit wurden nämlich die sog. „Kraft-durch-Freude-Reisen" (KdF) der NS-Machthaber eingeführt, die allerhöchste Transportkapazitäten der Schiffe verlangten.

Doch das ließ sich korrigieren: Im Frühjahr 1935, also schon nach sechs Jahren Einsatz der „Allgäu", fasste die Reichsbahndirektion Augsburg aufgrund der steigenden Fahrgastzahlen den Entschluss, das Schiff in ein Dreideckmotorschiff umzubauen. Aus dem herkömmlichen „Bootsdeck" entstand ein geräumiges Sonnendeck für weitere 300 Passagiere. Das Steuerhaus wurde in das vordere Schiffsdrittel verlegt. Die Toilettenanlagen brachte man in dem ursprünglichen Kajütsalon 2. Klasse unter, der wegen seiner begrenzten Aussicht vom Fahrgast ohnehin nie sonderlich frequentiert wurde. Dafür konnten im Hauptdeck weitere Sitzplätze gewonnen werden. Die bisher offene Laube 1. Klasse wurde in einen Salon umgewandelt.

Durch diese Maßnahmen und nach einer neu angefertigten Stabilitätsberechnung wurde die zulässige Personenanzahl im Mai 1936 auf 1.500 Fahrgäste erhöht.

1929 kam das erste Großmotorschiff MS „Allgäu" auf den Bodensee – hier beim Einsetzen der Antriebsmotore auf der Endmontagewerft in Lindau. Gebaut worden war das Schiff bei der Stahl- und Eisenbaugesellschaft in Deggendorf/Donau. (Archiv: Fritz)

Jetzt war die „Allgäu" fast allen Kapazitätsproblemen gewachsen und schon bald machte das Schiff seinem Ruf als *„Erster Ozeanriese auf dem Bodensee"* alle Ehre. Und dieser Ruf ist der „Allgäu" bis zu ihrer Ausmusterung im Jahre 2000 treu geblieben. Sie war selbst im letzten Jahr ihres Lebens mit 60,5 m Länge und 470 t Wasserverdrängung immer noch das größte Fahrgastschiff mit der höchsten Passagierkapazität auf dem weiten See (obwohl nach dem Kriege die Passagieranzahl aufgrund gesteigerter Sicherheitsvorschriften wieder auf 1.200 gesenkt wurde).

Der zweite Punkt, mit dem man nicht zufrieden war, betraf – man mag es kaum glauben – den Antrieb. Ursprünglich ausgerüstet war die MS „Allgäu" bei ihrer Indienststellung im Jahre 1929 nämlich mit zwei aus Bronze hergestellten Festpropellern von 1,60 m Durchmesser und einem sog. *„kraftsparenden Stromlinienruder"*. Als Hauptantrieb auf die Schrauben wirkten zwei MAN-8-Zylinder-Dieselmotoren von je 280 kW gleich 360 PS, die – damit das Schiff schnell stoppen und rückwärts fahren konnte – mit einer automatischen Drehrichtungs-Umsteuerung für Vorwärts-/Rückwärtsfahrt ausgerüstet waren. Das heißt aber mit anderen Worten: Beim Anlegemanöver mussten die Motoren zunächst zum Stillstand gebracht, dann umgesteuert und rückwärts wieder neu angefahren werden. Dies konnte schon 10–12 Sekunden dauern und war, wenn man ganz realistisch verglich, auch nicht schneller als bei einer herkömmlichen Dampfmaschine. Und die sog. „Bugstrahlruder", mit denen modernere Schiffe später, zur Erleichterung der Anlegemanöver, ausgerüstet waren, existierten 1929 eben noch nicht. Der einzige Unterschied zu den Dampfern lag somit nur darin, dass beide Schrauben unterschiedlich schnell drehen und somit Schiff und Ruder beim Wenden und besonders bei Langsamfahrt unterstützen konnten.

Inzwischen war aber seit 1931 auf dem Bodensee der Voith-Schneider-Antrieb bekannt und wurde erstmals in die etwas kleineren Motorschiffe „Kempten", „Augsburg" und „Ravensburg" eingebaut. Diese bahnbrechende Neuerung bestand aus zwei senkrecht-achsig am Heck des Schiffes unterhalb der Wasserlinie angetriebenen Tellern, an denen bis zu sechs messerartige Ruderblätter drehbar montiert waren. Diese erzeugten Schub. Ihr Drehmechanismus war so sinnreich konstruiert, dass die Kraftkomponente des Antriebs, der Schub also, wahlweise in jede gewünschte Richtung wirken konnte. So war und ist auch heute noch selbst das größte Schiff in der Lage, auf engstem Radius zu wenden. Die Dieselmotoren liefen dabei kontinuierlich durch. Es gab kein aufwendiges Abbremsen und Anhalten der Motoren, Umsteuern und neu Anlassen mehr. Die gesamten Steuervorgänge gingen dadurch schnell und feinfühlig ineinander über – ein Schiff anlegen war somit fast zu einem Kinderspiel geworden.

Die Grundkonstruktion dieses sensationellen Antriebes hat der österreichische Ingenieur Ernst Schneider bereits 1925 mit seinen Kollegen von der Maschinenfabrik Voith im schwäbischen Heidenheim entwickelt – danach wurde ein winziges Handmodell gebaut. Inzwischen zum Patent angemeldet, entstand bereits 1927 der erste „echte" Voith-Schneider-Propeller. 1930 begann man mit dem Einbau auf dem Passagierschiff „Kempten".

„Kapitän auf einem Bodenseeschiff zu sein, das ist nicht immer leicht", sagte noch Jahrzehnte später Schiffsführer Hefti von den Konstanzer Stadtwerken (Klöckler u.a.: Schwimmende Brücke, S. 45). *„Oft müssen wir ausweichen oder auch gegen starke West- und Nordwinde auf dem See ankämpfen. Sich dabei auf einen Voith-Schneider-Propeller verlassen zu können, bietet ein gutes Gefühl!"*

Die „Allgäu" wurde ganz allgemein als „Ozeanriese des Bodensees" angesprochen, weil sie (nach Umbau) bis zu 1500 Fahrgäste auf drei Decks befördern konnte – kein anderes Schiff besaß eine solche Passagierkapazität. Festlich über die Toppen geflaggt durchfährt sie gerade die Einfahrt zu ihrem Heimathafen Lindau. (Archiv: Fritz)

Die erste Reaktion der Verantwortlichen Mitte der 1930er-Jahre hätte nun sein müssen, neben den oben genannten kleineren Schiffen auch die große „Allgäu" sofort auf diesen neuen Antrieb umzurüsten. Aber der schon geschilderte Ausbau zur Erhöhung der Passagierkapazität hatte Vorrang und verschlang im Jahre 1935 eine solch hohe Summe, dass kein finanzieller Rahmen mehr für den Umbau auch des Antriebs übrig blieb. Man beließ es also bei den schwer manövrierbaren Festpropellern der „Allgäu". Und da in den darauf folgenden Jahren bis zum Beginn des Zweiten Weltkrieges das Schiff dann ganz besonders hart gefordert wurde, quasi fast pausenlos für die immer beliebteren „KdF-Reisen" im Einsatz stand, blieb keine Zeit, es nochmals einem längeren Werftaufenthalt zur Umrüstung des Antriebs auf die zeitgemäßen Voith-Schneider-Propeller zu unterziehen. Der konventionelle Schraubenantrieb blieb somit praktisch bis 1954 eingebaut.

Von 1941 bis 1945 traf die „Allgäu", wie auch alle übrigen Motorschiffe auf dem See, das Los des dauernden, untätigen Stillliegens, in ihrem Falle im Lindauer Hafen. Der Grund dafür war, dass fast während des gesamten Krieges kein Dieseltreibstoff für „Vergnügungsreisen" bewilligt wurde und alle mit Diesel betriebenen Schiffe daher nicht fahren durften. Vermehrt wurden daher für die wenigen Dienste die schon betagten Dampfer wieder eingesetzt.

Zurück in die Jahre der Einführung der beiden Bodensee-Neubauten: Neben dem bereits oben vorgestellten Motorschiff „All-

Als zweiter „Reichsbahnneubau" vom Ende der Zwanzigerjahre ging der mächtige Raddampfer „Stadt Überlingen" in die Bodensee-Geschichte ein. Der Dampfer war in Mainz gebaut, demontiert per Eisenbahn nach Konstanz geliefert und hier wieder zusammengesetzt worden. – Dieses „Luftbild" wurde gleich nach Fertigstellung des Schiffes angefertigt. (BSB-Archiv)

gäu" wurde aus Gründen, die bis heute nicht hundertprozentig nachvollziehbar sind, für den zweiten (von Berlin bewilligten) Schiffsneubau wieder der bewährte Dampfantrieb gewählt. Heraus kam der für den Bodensee letzte, größte und wohl auch bekannteste Personendampfer: die „Stadt Überlingen". Das Schiff entstand zusammen mit dem Dampfer „Mainz", der zu gleicher Zeit durch die Köln-Düsseldorfer Rheinschifffahrt bestellt wurde, auf der Schiffswerft Ruthof in Mainz-Kastel.

Hier wurde das Schiff roh montiert und dann für den Bahntransport zum Bodensee wieder auseinander genommen. Der endgültige Zusammenbau erfolgte auf der Werft in Konstanz, zu der damals noch ein Industriegleis der Bahn führte.

Der Dampfer „Stadt Überlingen" war, wie MS „Allgäu", etwas über 60 m lang, konnte aber nur – und jetzt erkennt man die Unterschiede zwischen Dampf- und Motorschiff – max. 1.000 Fahrgäste aufnehmen gegenüber den 1.500, wie sie die „Allgäu" ab 1935 aufwies. Die „Stadt Überlingen" hätte zwar um einiges länger gebaut werden können, aber hierfür erwiesen sich die Platzverhältnisse in den Bodenseehäfen, die alle aus der Mitte des 19. Jahrhunderts stammen, als zu eng. So entstand ein Dampfer mit einem ganz speziellen Rumpfmodell: vorn 7,70 m, hinten 8,26 m breit und über die Radkästen gemessen 14,15 m. Auch seine Wasserverdrängung von nur 362 Tonnen betrug gegenüber der massigeren „Allgäu" über 100 Tonnen weniger.

Doch schon auf seiner Abnahmefahrt am 10. September 1929 zeigte der neue Dampfer, was in ihm steckte: Geschwindigkeit! Mit seiner 1.027 PS (755 kW) Zweizylinder-Heißdampfmaschinenanlage erreichte das Schiff eine Höchstfahrt von annähernd 31 km/h; „Allgäu" war dagegen rund 5–6 km/h langsamer.

1952 und 1954 sollte DS „Stadt Überlingen" zwei Mal das „Blaue Band des Bodensees" gewinnen. In jedem Hafen, den es besuchte, wurde das Schiff bestaunt und bewundert. Da mutet es vielfach tragisch an, dass der stolze Dampfer am 1. November 1963, nach nur 34 Jahren Einsatz, aus dem Dienst ausschied. Im Juni 1965 begannen die Abbrucharbeiten, die sich bis Januar 1966 hinzogen. – Das größte deutsche Bodenseedampfschiff „Stadt Überlingen" war nicht mehr!

Ergänzend sei hier außerdem noch mitgeteilt, dass der mit ihr seinerzeit zusammen neu erbaute Dampfer „Mainz" der Köln-Düsseldorfer Reederei heute noch existiert, und zwar als Schiffsmuseum „Mannheim", eine Zweigstelle des Landesmuseums für Technik und Arbeit. Das als Museum aufwändig hergerichtete Schiff ist täglich unterhalb der Kurpfalzbrücke im Neckarhafen der gleichnamigen Stadt für die Besucher geöffnet.

Das Hilfsschiff „Greif" entstand 1934 aus der „Stadt Radolfzell" (siehe Abb. S. 44), hier 1937 an der Insel Mainau abgelichtet. 1945 wurde die „Greif" in „Baden" umbenannt und später nach Frankreich überführt. Bis vor wenigen Jahren tat die einstige „Stadt Radolfzell" in Rouen noch als Hafenbarkasse Dienst. (BSB-Archiv)

Die Dreißigerjahre

Ein Jahrzehnt nach dem Ende der Länderbahn-Ära präsentierte sich die Bodenseeschifffahrt unter dem völlig veränderten Aspekt eines fast ausschließlich auf den Saisonbetrieb spezialisierten Unternehmens (mit dem Unterschied zu heute, dass die wichtigsten Strecken auch im Winter betrieben wurden). Modernisierte Dampfschiffe und neue Motorschiffe mit dem flexiblen Voith-Schneider-Antrieb bestimmten hauptsächlich die Aktivitäten, und das waren in erster Linie die von den Nationalsozialisten organisierten großen KdF-Rundreisen auf dem Ober- und Untersee sowie ein verstärkter Ausflugsverkehr, der zwar witterungsabhängig zu unterschiedlichen Frequenzen und Auslastungen der Schiffe führte, generell aber schon zu dieser Zeit die Marke von über 3 Millionen Fahrgästen pro Jahr anpeilte.

Die Deutsche Reichsbahn erneuerte ihre Bodenseeschiffsflotte in diesen Jahren ziemlich kontinuierlich. Nach den Dampferumbauten sah das wie folgt aus: 1935 bis 1937 erwarb sie vier neue Diesel-Motorschiffe: MS „Baden" und MS „Deutschland" (seit 1970 „Überlingen") im Jahre 1935 sowie die Schwesterschiffe MS „Karlsruhe" und MS „Schwaben" zwei Jahre darauf. Diese beiden galten bis in die Fünfzigerjahre als Prototypen der modernen Dreideckschiffe, Einheiten der 56 m-

Die Dreißigerjahre waren geprägt durch den Nationalsozialismus, der auch die Bodenseeschifffahrt mitbestimmte – zumindest äußerlich. Hier sehen wir den 1937-Neubau MS „Schwaben" mit der Hakenkreuzflagge ... (BSB-Archiv)

In Bodenseehäfen wie Lindau herrschte während der NS-Zeit drangvolle Enge. Neue Dieselmotorschiffe und modernisierte Dampfer boten einen bis auf's i-Tüpfelchen ausgewogenen Fahrplan zu den lohnendsten Zielen des Sees, um den Deutschen – von KdF organisiert – „beste Erholung zu bieten". (Archiv: Fritz)

Klasse mit 2 x 400 PS (295 kW) Antriebsleistung für jeweils 1.000 Fahrgäste. Alle Neubauten wurden mit je zwei der flexiblen Voith-Schneider-Propeller und ohne separates Steuerruder ausgerüstet. Zusammengenommen fußten diese schnellen und zweckmäßigen Großfahrgastschiffe, die noch heute ohne Einschränkungen den Bodensee befahren, auf dem letzten Entwicklungsstand von Binnenschiffen und beförderten ihre Passagiere komfortabel und zeitgemäß, jedoch schlicht und ohne den aufwendigen Pomp früherer Dampfschiffe.

Noch eine Anmerkung zur Namensgebung „Überlingen". Da es ein Dampfschiff „Stadt Überlingen" und ein Motorschiff gleichen Namens und zu gleicher Zeit nicht nebeneinander auf dem Bodensee geben konnte, sei hier einmal der Benennungsvorgang für das Motorschiff dargestellt.

Die MS „Überlingen" wurde im Juni 1935 in Lindau zunächst unter dem Namen MS „Deutschland" in Dienst gestellt und war als Ersatz vorgesehen für den 45 Jahre alten Dampfer „Nürnberg". Ende Mai 1945, nach vorübergehendem Exil im schweizerischen Romanshorn, erhielt die „Deutschland" von den französischen Besatzungsmächten den Namen „Rhine et Danube". Viele rauschende Ballnächte unter französischem Kommando brachten dem eleganten Motorschiff bald den Spitznamen „Reine de la Nuit – Königin der Nacht" ein.

1949 gaben die Franzosen das Schiff an Deutschland zurück. Jetzt führten es die Bodensee-Schiffsbetriebe für drei Jahre zunächst unter dem Namen „Lindau", weil es dort auch stationiert wurde. 1952 erhielt die „Lindau" dann ihren ersten Namen „Deutschland" zurück. Im Tausch gegen das neue Zweideck-Motorschiff „Konstanz" wurde die bis dahin als bayerisches Flaggschiff geltende „Deutschland" ins Badische zurückverlegt und erhielt am 23. Mai 1970 nunmehr ihren endgültigen Namen MS „Überlingen", unter dem sie heute noch fährt.

Mit dem Voith-Schneider-Antrieb war Anfang der Dreißigerjahre die endgültige

Entscheidung zwischen Dampf und Diesel gefallen. Die großen Dreideck-Motorschiffe ersetzten die älteren Halbsalondampfer daher recht bald. Alle neueren und leistungsfähigen Dampfer dagegen wurden grundlegend modernisiert und erhielten mehr Fahrgasträume.

Die zum Teil umfangreichen Arbeiten, denen die fünf deutschen Dampfschiffe „Bavaria", „Friedrichshafen", „Hohentwiel", „Lindau" und „Stadt Meersburg" in den Dreißigerjahren unterworfen wurden, hatten in erster Linie ein größeres Fassungsvermögen zum Ziel: im Schnitt von 600 auf 750 Fahrgäste. Wie bereits geschildert, geschah dies durch Einbau von Sitzen auf das bisher für Güter vorgesehene große Vorschiff. Desgleichen nahm die BSB-Verwaltung auf den Dampfern die konsequente Abänderung der „Retunde", den Bereich vor dem Schornstein, in Angriff: Dieser relativ kleine, halbrunde Vorbau wurde unter Zuhilfenahme eines Teils des Vorschiffs ein neuer, großer und fast rechteckiger Speisesalon. Darüber legte man das nach vorn verlängerte Promenadendeck an und versah es mit weiteren Sitzen. Das Steuerhaus wurde dafür ein Stockwerk höher neu aufgebaut. Auf diese Weise erhöhte sich zwar der Schwerpunkt des Dampfers (er könnte also – theoretisch – leichter kentern!); dies wurde aber durch Anbringung seitlicher Schwimmkörper außen am Rumpf ausgeglichen. Die Stabilität war somit wiederhergestellt und das Ergebnis lag dann ganz eindeutig in der zusätzlichen (und durchaus zeitgemäßen) Mitnahmemöglichkeit von 150 oder mehr Fahrgästen.

In diese Zeit fällt auch die Inbetriebnahme der „Schwimmenden Brücke", des Fährdienstes zwischen Konstanz-Staad und Meersburg. Auf der 4,5 km langen

Das Dreideckmotorschiff „Deutschland" – heute MS „Überlingen" – liegt im Hafen von Lindau fest vertäut, während im Hintergrund Dampfschiff „Hohentwiel" noch mit dem Anlegemanöver beschäftigt ist. (Archiv: Fritz)

Wie unterschiedlich die Bauweise auch der früheren Dampfschiffe ausfiel, sollen diese Vergleichsaufnahmen erläutern: oben die fast asketisch schlanke „Zähringen" aus dem Dreikaiserjahr 1888 für anfangs 600, später 800 Passagiere – und auf der gegenüberliegenden Seite der Salondampfer „Stadt Überlingen" aus der Reichsbahnzeit, gebaut für 1.000 Fahrgäste. Trotz seiner wuchtigeren Aufbauten war dieser Dampfer aber um fast 5 km/h schneller. (BSB-Archiv)

Direktroute am Eingang des Überlinger Sees verkehrte das erste Eindeck-Fährschiff „Konstanz" ab dem 30. September 1928.

Dieser völlig neue Schiffstyp auf dem Bodensee – wer dachte zu dieser Zeit schon an den sich später so ausweitenden Kraftfahrzeug-Fährverkehr – war von der Bodan-Werft in Kressbronn für das Übersetzen von max. 57 Pkw, 22 Motorrädern und 548 Personen konstruiert und gebaut worden. Die Autofähre Konstanz – Meersburg, die von Beginn an unter Regie der Stadt Konstanz betrieben wurde, war bald ein voller Erfolg!

Bereits zwei Jahre später musste das erste Schiff des neuen Fährdienstes seinen Namen wieder frei machen und hieß fortan „Meersburg", da eine zweite, nunmehr doppelstöckige Fähre namens „Konstanz" am 1. Juni 1930 ihren Dienst aufnahm. Die anhaltend starken Beförderungsziffern der Fährroute hatten den Neubau notwendig gemacht. Die neue Fähre besaß bereits ein überdachtes Fährdeck und verkörperte den Schiffstyp, der bis heute stetig weiterentwickelt und vergrößert wurde. – Eine Zahl, von der Reedereien der Jetztzeit nur träumen können, war der mehr als supergünstige Kaufpreis: die neue „Konstanz" kostete damals nur rd. 293.000 Mark. Heute dagegen muss für ein vergleichbares Schiff die stolze Summe von 8 Mio. Euro (= 15,65 Mio. DM) und mehr auf den Tisch gelegt werden; schon MF „Kreuzlingen" kostete 13,75 Mio. Mark – und das war bereits im Jahre 1993.

Am 30. April 1939 nahm die Reederei ihr drittes Fährschiff auf der Route in Betrieb: die 45,5 m lange MS „Bodan", im Konzept der „Konstanz" ähnlich. Dieses Schiff war schon mit zwei je 300 PS starken Dieselmotoren für eine hohe Übersetzgeschwindigkeit ausgestattet und kam in seinen Leistungen damit den Nachkriegsneubauten sehr nahe. Mit diesen drei Fähren bewältigten die Stadtwerke Konstanz GmbH den gesamten Kriegs- und vor allem den z.T. starken Militärnachkriegsverkehr der Besatzungsmacht.

Dampfschiff „Stadt Überlingen" von 1929. (BSB-Archiv)

Erst 1950, als erkennbar wurde, dass sich die anlaufende Motorisierungswelle der deutschen Bevölkerung auch auf den Fährbetrieb auswirken würde, erarbeitete man die Konzeption für ein viertes Fährschiff.

Niemand hat schon zu dieser Zeit geglaubt, dass die Stadtwerke Konstanz GmbH, zunächst mit ihrem Fährbetrieb „Schwimmende Brücke des Bodensees" und später mit der Übernahme der Bodensee-Schiffsbetriebe, dereinst die größte Binnenschifffahrts-Reederei Europas werden sollten.

Heute verfügt der Fährdienst Meersburg – Konstanz über sieben moderne Einheiten; davon ist das Fährschiff „Kreuzlingen" aus dem Jahre 1993 schon mit dieselelektrischem Antrieb ausgerüstet. Ein weiterer, 72 m langer Neubau mit Namen „Tabor" wurde im Jahre 2003 bei der Bodan-Werft in Kressbronn bestellt, nahm bereits Ende April 2004 ausgedehnte Probefahrten auf und ist seit Juni in Betrieb.

Doch das ist bereits Zukunftsmusik. Zunächst schwebte Ende der Dreißigerjahre eine schlimme, große und unmittelbare Gefahr über Deutschland ...

Ein Schnappschuss von der Konstanz-Meersburg-Route, aufgenommen zwischen 1936 und 1939. Bei der Fähre handelt es sich um die 1. „Konstanz", die zu dieser Zeit aber bereits „Meersburg" hieß. Der Bus vorn rechts (mit KdF-Schild) hat eine lustige Betriebsausflugs-Gesellschaft geladen. (BSB-Archiv)

Schiffssalons im Stil der Dreißigerjahre: Oben der Salon I. Klasse auf MS „Ravensburg" (1931–67), einem der ersten Schiffe mit Voith-Schneider-Antrieb; die untere Aufnahme zeigt um 1950 den Salon I. Klasse auf MS „Schwaben". (oben: BSB-Archiv; unten: Archiv Fritz)

Ein neuer Krieg verhindert weiteren Flottenausbau

Im Sommer 1939 zogen unübersehbar düstere Gewitterwolken am politischen Horizont auf – an einen Krieg mochte man aber zunächst noch nicht recht glauben ...

Es war Hochsaison, die Bodenseeflotte hatte, wie immer um diese Jahreszeit, viel zu tun. Weder eines der neuen Dieselmotorschiffe noch die inzwischen für höhere Fahrgastzahlen umgebauten Dampfer konnten sich über fehlende Beschäftigung beklagen. Alle Ausflugs- und Sonderfahrten zu den schönsten Zielen am See standen unter der bis ins Einzelne gehenden KdF-Organisation, die nichts dem Zufall überließ. Jede Kleinigkeit, von der äußerst preisgünstigen Unterbringung der Feriengäste in Privatquartieren rings um den See bis zum gutbürgerlichen Essen für weniger als 2,50 Mark und einem aufs Beste vorbereiteten Abendprogramm, war reglementiert. Der deutsche Mensch sollte sich eben für die Arbeit, die er fürs Vaterland leistete, auch entsprechend erholen dürfen!

Doch dann gingen am 1. September abermals die Lichter aus, nur 21 Jahre nach Beendigung des ersten großen Weltenbrandes, an den viele Menschen nur mit Schrecken zurückdachten ...

Anders als im Ersten Weltkrieg kam die Bodenseeflotte am Beginn des Zweiten nur teilweise zum Stillstand – fast bis Mitte 1941 fuhren die Schiffe noch wie in normalen Zeiten. Dann aber machte sich eine fühlbare Treibstoffknappheit bemerkbar, die etwa mit Beginn des Russlandfeldzuges einsetzte und nicht nur die Dieselschiffe auf dem Bodensee, sondern auch den gesamten nichtmilitärischen Kraftfahrzeugverkehr in Deutschland betraf. Die Dampfer dagegen fuhren weiter – sie wurden ja mit einheimischer Kohle betrieben. Insgesamt aber geschah dies, je länger der Krieg andauerte, auf immer weniger Routen. Mit Beginn des Herbstfahrplanes 1944 wurde der Schiffsverkehr zwischen Friedrichshafen und Bregenz eingestellt. Und die wenigen Schiffe auf der Teilstrecke Friedrichshafen – Konstanz sowie im Überlinger See verkehrten bald nur noch am frühen Morgen oder nach Einsetzen der Dämmerung, da die Dunkelheit einen gewissen Schutz gegen Bomber darstellte. Zusätzlich und aufgrund der zunehmenden Gefahr durch Tieffliegerangriffe ordnete die Verwaltung ab Ende 1942 an, dass sämtliche Schiffe auf dem Schwäbischen Meer einen fleckigen Tarnanstrich erhalten müssten.

Während des Krieges war das Personal der Schiffsbetriebe wegen der zur Wehrmacht einberufenen Angestellten stark reduziert. Trotzdem wurden, aufgrund der guten Erfahrungen mit den Voith-Schneider-Antrieben, Anschaffungen weiterer großer Dreideck-Dieselmotorschiffe geplant. Genauso detailliert dachte man aber auch über die Umstellung der Kesselheizung auf moderne Ölfeuerung bei den noch vorhandenen Dampfschiffen nach; immerhin waren dies im Jahre 1940 noch 16 Einheiten. Doch der sich zunehmend ausweitende Krieg verhinderte auch diese kleine Weiterentwicklung.

Dabei war es ein Glück, dass die Bodenseedampfer kohlegefeuert waren. Hätten sie in der Zwischenzeit, wie z.T. schon auf dem Genfer See geschehen, einen dieselelektrischen Antrieb erhalten, wäre es um

Bleibende Erinnerung an den Krieg: 1944 wurde MS „Baden" in der Ludwigshafener Bucht von Tieffliegern angegriffen; im Buch ist der Vorfall ausführlich beschrieben. Noch heute sind die Einschläge erkennbar, wie die Schramme auf dem linken Foto beweist. (beide Aufn. Archiv Fritz)

ihre Fahrbereitschaft während des Krieges schlecht bestellt gewesen. Denn mit Diesel lief eben nichts mehr! Auch die Umstellung auf saubere und bis zu zwei Mann Besatzung sparende Ölheizung für die Dampfkessel anstelle der mühsamen und aufwendigen Kohlenfeuerung wurde bei der deutschen Bodenseeflotte nie ernsthaft diskutiert, weil auch Schweröl für Heizzwecke ein Einfuhrprodukt darstellte und nicht zur Verfügung stand.

Bei einem der schweren Luftangriffe auf Friedrichshafen in der Nacht vom 27. auf den 28. April 1944 wurden die beiden Dampfer „Friedrichshafen" und „Württemberg" getroffen; außerdem explodierten auf das Werftgelände abgeworfene Bomben so nah bei den Schiffen, dass beide verloren gingen. Die auf Helling liegende „Friedrichshafen" brannte vollständig aus. Das Dampfschiff „Württemberg", gerade am Nachmittag von einer planmäßigen Kursfahrt zurückgekehrt, erlitt durch den Nahtreffer einer 250 kg-Sprengbombe so schwere Schäden, dass es auf ebenem Kiel im Hafenbecken sank. Zwar gelang es, die „Württemberg" später zu heben und das Leck abzudichten, aber alle Bemühungen halfen nichts. Am 20. Juli 1944, nach einem erneuten Fliegerangriff, blieb vom Schiff nur noch ein ausgeglühtes Spantengerippe auf der nun völlig zerstörten Werft übrig. Fritz schreibt dazu: *„Ein solches Schicksal blieb der ‚Hohentwiel' erspart. Dank einer rechtzeitig eingegangenen Luftlagemeldung konnte der Dampfer in den Abendstunden des 27. April rechtzeitig vor dem Auslaufen nach Friedrichshafen in Konstanz zurückgehalten werden."* (Kloser/Fritz: Das Dampfschiff Hohentwiel, S. 54).

Das 1935 in Dienst gestellte Motorschiff „Baden" musste am 24. Juli 1944, zusammen mit den Schiffen „Höri" und „Schienerberg", in der Nähe von Ludwigshafen am Ende des Überlinger Sees (eine Bucht, von der man dachte, dass sie „sicher" sei) einen schweren Tiefflieger-Angriff englischer Mosquito-Jagdbomber durchstehen. Etwa 400 Einschusslöcher aus den Bordwaffen der Mosquitos wurden im Rumpf sowie innen und außen an den Aufbauten gezählt – die Einschüsse bewirkten, dass das Schiff bereits zu sinken begann. Dies zu sehen und zu handeln war für einige Ludwigshafener Fischer eins: Unter Lebensgefahr näherten sie sich mit ihren Booten dem Havaristen und gingen an Bord. Auf recht primitive Weise wurden mit Kork-Pfropfen die unter der Wasserlinie liegenden Schusslöcher abgedichtet. Das Schiff blieb schwimmfähig und konnte später mit einem herbeigerufenen Dampfschlepper zur Notreparatur nach Konstanz abgeschleppt werden. Reste dieses Beschusses sind übrigens

Bodenseewerften im Wandel der Zeiten. Auf der Bodanwerft ist auf dem oberen Bild von 1962 im großen Hallenbau die umgebaute „Schussen" zu erkennen, während MS „Friedrichshafen" aus der kleinen Halle ‚herausschaut'. Auf dem mittleren Foto ist die Werft Friedrichshafen nach dem Brand von 1889 dargestellt. Unten MS „Karlsruhe" nach Anlieferung aus Deggendorf auf der Werft Konstanz im Jahre 1937. (BSB-Archiv bzw. Archiv Fritz)

noch heute an der Informationstafel am Steuerbord-Eingang der „Baden" zu sehen.

Ebenfalls im Jahre 1944 wurden noch weitere Schiffe beschädigt: Der Dampfer „Königin Charlotte" mit Baujahr 1893 erhielt im Jahre 1943 auf seinem Pavillon ein Podest für Flugabwehrkanonen (Flak). Zusammen mit dem Eisenbahnfährschiff „Schussen" und einigen ehemaligen Trajektkähnen, die man für Flak-Zwecke umgebaut hatte, lagen die Fahrzeuge dann als „Schwimmende Flak-Batterien" verankert vor Friedrichshafen. Bei den schweren Bombenangriffen 1944 wurde die „Königin Charlotte" so schwer beschädigt, dass man sie noch im selben Jahr abbrechen und verschrotten musste. (Der Name „Königin Charlotte" wurde übrigens am Schiff selbst „Koenigin" geschrieben – ist in allen Unterlagen aber mit ö-Umlaut erwähnt. Warum diese Unterschiede in der Schreibweise bestanden, ist heute nicht mehr feststellbar.)

Um den 20. April 1945, als sich amerikanische und französische Truppen dem Bodensee näherten (die Stadt Konstanz ergab sich am 26. April der Ersten Französischen Armee unter General de Tassigny; München wurde am 30. April durch die 7. US-Armee eingenommen), erging – wie fast überall in Deutschland – auch hier ein Befehl an die deutschen Truppen, alle Brücken, militärischen Einrichtungen und die Bodenseeschiffe im Hafen von Lindau zu sprengen. Ein verrückter Befehl, der vielerorts nicht befolgt wurde, auch am Bodensee nicht: Der beherzte Vorstand der Reichsbahndirektion Augsburg hatte sich nämlich schon zuvor in mehreren geheimen Verhandlungen mit seinen Schweizer Kollegen abgesprochen, dass man die Schiffe diesem wahnsinnigen Vorhaben nicht opfern wolle. Stattdessen sollten sie das Kriegsende in den Schweizer Häfen Romanshorn, Arborn und Rorschach abwarten. Die Schweizer Behörden erklärten ihr Einverständnis und gaben grünes Licht für die geplante freiwillige Schiffs-Internierung – „freiwillig", weil eine Internierung gem. Brockhaus *„die zwangsweise Unterbringung von Angehörigen und Gegenständen eines Staates, gegen den Krieg geführt wird"* darstellt – und das war hier nicht so! In diesem Fall hatten die Deutschen selbst darum gebeten.

Gesagt – getan: In der Nacht vom 25. auf den 26. April 1945 verließen die deutschen und österreichischen Bodenseeschiffe in einer langen Karawane den Lindauer Hafen. Die ohne Diesel unbeweglichen Motorschiffe wurden dabei von den noch betriebsfähigen Raddampfern geschleppt.

So nahm etwa der österreichische Salondampfer „Stadt Bregenz" die mächtige deutsche „Allgäu" und die österreichische „Austria" auf den Haken, und dann ging es los: Dampf aufmachen bis zum Roten Strich – Maschine vorsichtig antörnen – langsam strafften sich die schweren Stahl-Schlepptrossen und ab ging die Fahrt, quer über den nächtlichen Bodensee. Fast unsichtbar suchten drüben in der Schweiz die in braungrauen Tarnfarben gestrichenen deutschen und österreichischen Schiffe heimlich ihre Unterstellplätze in den Ecken der Häfen auf – und wurden so vor sinnloser Zerstörung gerettet.

Wahrscheinlich als einziges (öffentlich verkehrendes) Bodenseeschiff bediente bis Kriegsende die kleine Eindeck-Fähre „Meersburg" die „Schwimmende Brücke" Meersburg – Konstanz, zum Schluss allerdings nur noch mit wenigen Fahrten. Ab 26. April ruhte auch sie!

Erst am 17. Mai 1945, nachdem klare Aufgabenteilungen zwischen den alliierten Besatzungsmächten und den deutschen Behörden geschaffen waren, kehrten alle Bodenseeschiffe unter Aufsicht eines französischen Marine-Kommandos aus der „Internierung" zurück und erreichten wohlbehalten wieder ihre alten Heimathäfen.

In den Jahren nach dem Kriege wurde die Bodenseeflotte langsam wieder in einen ansehnlichen Zustand zurückverwandelt. Hier brennt man mit viel Aufwand den bei MS „Allgäu" noch vorhandenen Tarnanstrich ab ... (Archiv Fritz)

... und heraus kommt ein fast neues Schiff, das hier in Meersburg auf dem Schnellkurs zur Mainau abgelichtet ist. Aufnahme um 1969 von Bord der „Stadt Bregenz". (BSB-Archiv)

Die Nachkriegszeit: Erste Vorboten des großen Dampfersterbens

Insgesamt waren nach Kriegsende noch 13 Dampfschiffe vorhanden – „Friedrichshafen" und „Württemberg" mussten als Totalverluste abgeschrieben werden; „Königin Charlotte" hatte schon vorher die Luftwaffe als Flak-Dampfer für sich requiriert und nicht zurückgegeben. Die übrigen Schiffe lagen bei Kriegsende in der Schweiz und wurden so mit Sicherheit vor dem gleichen Schicksal bewahrt.

Nach ihrer Rückkehr entstand, anders als in der Zeit nach dem Ersten Weltkrieg, zunächst kein akuter Bedarf an Schiffsraum für Freizeit und Ausflüge. Denn zunächst einmal musste ein menschenwürdiges Leben in die zerstörten Städte zurückkehren.

Dass dagegen den Überlegungen, wie man die Bodenseeschiffe wieder instand setzen wollte, anfangs nur ein kleiner Stellenwert eingeräumt werden konnte, war klar und logisch. Und doch ging man, obwohl es Hunderte von anderen Aufgaben gab, ab etwa Ende 1945 auch an die Wiederinbetriebnahme des Bodensee-Schiffsverkehrs.

Nachdem im Mai 1945 die französische Besatzung am Bodensee „Regierungsgewalt" übernommen hatte, wurde als eine der ersten Maßnahmen der Besatzungstruppen der Obersee für den gesamten Schiffsverkehr gesperrt. Begründet wurde dies mit „Sicherheitsbestimmungen". Lediglich für den Überlinger See erlaubte man in beschränktem Umfang einen schmalbrüstigen Aushilfsverkehr, der von der Bevölkerung hauptsächlich für Hamsterfahrten mit dem Dampfschiff „Zähringen" benutzt wurde. Am 16. Oktober 1945 wurde die Sperrung des Obersees wieder aufgehoben und die Erlaubnis erteilt für einen spärlichen Längsverkehr durch das österreichische Dampfschiff „Stadt Bregenz". Dieser notdürftig hergerichtete große Salondampfer durfte ein bis zwei Mal in der Woche von Bregenz aus nach Friedrichshafen und Konstanz verkehren.

Speziell für die Konstanzer Bevölkerung wurden die teilweise wieder instand gesetzten Fähren der „Schwimmenden Brücke" Konstanz – Meersburg bald lebens- und überlebensnotwendig (wie Stadtarchivar Jürgen Klöckler in einem Bericht beschreibt). Der Nahrungsmittelmangel zwang die Städter zu Hamsterfahrten in den ländlichen Linzgau, um hier Wertgegenstände gegen Lebensmittel einzutauschen. Zwar durchsuchte die Besatzungsmacht bei der Rückfahrt Rucksäcke und Taschen der Hamsterer, aber im Kampf gegen den Hunger war der Mensch schon immer erfinderisch: dann wurden eben Schinken und Kartoffeln direkt am Körper getragen und so der Suche entzogen ...

Als weitere Maßnahme der Franzosen mussten jetzt alle Schiffe oberhalb der Ankerklüse eine französische Registriernummer, die sog. „Kontrollratsnummer", tragen und außerdem eine französische Trikolore am Heck führen. Es war strengstens verboten, die deutsche Nationalflagge aufzuziehen (welche hätte es denn auch sein können – das Hakenkreuz war ein für alle Mal passé!). Entschieden und verwaltet wurden all diese Bestimmungen übrigens von Bord der „Allgäu" aus, die als französisches Büroschiff im Lindauer Hafen lag. Auch die vorübergehend französischen

Schiffsnamen wurden hier vergeben. Das blieb so bis zum Winter 1948/49.

„Auf der unter großen Mühen provisorisch instandgesetzten Helling in Friedrichshafen", schreibt Fritz in seinem Hohentwiel-Buch auf S. 54, *„erhielt die ‚Hohentwiel' bereits in den Wintermonaten 1945/46 als erstes deutsches Bodenseeschiff ihr ursprüngliches, weißes Kleid zurück. Gemeinsam mit den Schiffen ‚Zähringen', ‚Bavaria' und ‚Lindau' zählte die ‚Hohentwiel' zu jenen ersten deutschen Schiffseinheiten, die im Frühjahr 1946 wieder einen bescheidenen Fahrplanverkehr eröffneten ... Der Eisenbahntrajekt-Verkehr zwischen Romanshorn und Friedrichshafen konnte schon 1948 wieder aufgenommen werden, während der Personenverkehr auf dieser Route erst am 15. Mai 1949 freigegeben wurde."*

Zu einem Ereignis ersten Ranges gestaltete sich im September 1946 die Freigabe der Schweizer Schiffe, die mit ausdrücklicher Genehmigung der französischen Behörden Sonderfahrten von Romanshorn über den See nach Friedrichshafen und Lindau unternehmen durften. Freunde und Bekannte von beiden Bodenseeufern fielen sich nach sieben Jahren Trennung wieder in die Arme. Die Eidgenossen hatten ihren deutschen Freunden vor allem Kaffee, Schweizer Schokolade und – man glaubt es kaum – neue Glühbirnen als Geschenke mitgebracht. Diese Dinge waren im Nachkriegsdeutschland echte Mangelware.

Ob der Brauch in manchen Gartenlokalen „Hier können Familien Kaffee kochen ..." aus der Schweiz oder aus Berlin stammt, wissen wir nicht! Fest steht aber, dass in diesem September 1946 in Friedrichshafen die ersten Schweizer Gäste in deutschen Gaststätten bei der Bedienung lediglich heißes Wasser bestellten und sich ihr labendes Heißgetränk per mitgebrachtem Nescafé selbst daraus zubereiteten.

Auf der Linie Friedrichshafen – Romanshorn verkehrten lange Jahre ausschließlich Schweizer Fährschiffe wie MF „Romanshorn", die hier an einem warmen Sommertag voll beladen aus Friedrichshafen ausläuft. (BSB-Archiv)

Einen fertigen (Bohnen-)Kaffee verlangen – 1946 auf der deutschen Seite am Bodensee – wäre absolut verlorene Liebesmüh' gewesen!

Nachfolgend weitere interessante Fallbeispiele aus den „Hunger"- und „Aufbau"-Jahren, wie sie dann später oft genannt wurden: Bereits unmittelbar nach Kriegsende wurde MS „Überlingen" (damals noch „Deutschland") von mehr als 100 deutschen Kriegsgefangenen unter französischer Leitung wieder schneeweiß gestrichen und erhielt, wie schon dargestellt, den Namen „Rhine et Danube".

Auch die Friedrichshafen-Romanshorn-Fähre „Schussen" erfährt in den Wirtschaftswunderjahren einen radikalen Umbau auf der Werft, der das ganze Schiff wesentlich freundlicher aussehen lässt. (BSB-Archiv: Popp)

Motorschiff „Schwaben", noch in Tarnbemalung, wurde im Laufe des Sommers 1946 auf Anordnung der Besatzungsbehörden in „St. Corenthin" umbenannt. Hier waren später keine Gefangenen für das Umbemalen notwendig; dies erfolgte 1948 und von echten Profis im Rahmen notwendiger Überholungsarbeiten auf einer richtigen Werft. Zu gleicher Zeit erhielt das Schiff seinen ursprünglichen Namen zurück.

Die „Allgäu" kehrte, wie schon berichtet, am 17. Mai 1945 nach Lindau zurück. Sie diente dann aber bis 1948 den französischen Besatzungsmächten als Wohn- und Büroschiff. Bevor das Schiff zurückgegeben und für Kurs- sowie Sonderfahrten wieder in Dienst gehen konnte, war eine gründliche Generalüberholung notwendig. Diese erfolgte in den Jahren 1949/50 auf der provisorisch hergestellten Werft Friedrichshafen.

Auch die Dampfer „Bavaria" sowie „Stadt Überlingen" zeigten sich noch lange in ihrem hässlichen Tarnanstrich aus der Kriegszeit. Im Frühjahr („Bavaria") bzw. Herbst („Stadt Überlingen") des Jahres 1948 wurden sie weiß gestrichen und zur Saison 1949 „glänzten" beide wieder in ihrem Ursprungszustand. Die Werftliegezeit fürs Überholen muss also irgendwo dazwischen liegen.

Aus diesen wenigen Mosaiksteinen – mehr ist es nicht, was uns aus dieser Zeit vorliegt – kann heute zusammenfassend festgehalten werden: Bis auf wenige Ausnahmen war zu Beginn der Saison im Mai 1949 das Gros der Bodenseeflotte wieder einsatzbereit!

In die erste Hälfte der Fünfzigerjahre fallen – seinerzeit als besondere Touristenattraktion gedacht – die spektakulären Schiffswettfahrten um das „Blaue Band des Bodensees". Drei Mal wurde das österreichische Motorschiff „Austria" Sieger, zwei Mal der Konstanzer Salondampfer „Stadt Überlingen". Begonnen hatte

Mit dem Gedanken zur Verbesserung des Fremdenverkehrs veranstalteten die vier VSU-Reedereien Anfang der Fünfzigerjahre spektakuläre Schiffswettfahrten um das „Blaue Band des Bodensees". 1952 fand bereits das dritte Rennen dieser Art statt, das ausschließlich von Dampfern bestritten wurde. Hier sehen wir die beiden Schweizer Teilnehmer „St. Gallen" und „Rhein", die später hinter der deutschen „Stadt Überlingen" den 2. Platz erkämpften. (Archiv Fritz)

das Ganze im Herbst 1950 auf einer Strecke von etwa 10 km Länge, die sich von der alten Rheinmündung bis zum Lindauer Hafen hinzog. Der Start hatte aus absoluter Ruhelage des Schiffes zu erfolgen. Und streng überwacht wurden die Regeln vom Motorboot „Bayern" und einem Boot der Zollbehörde. Nach fünf Rennen war im September 1954 aber Schluss (mit diesem Unsinn?) – der hohe Verschleiß an Maschinen, die bis aufs Äußerste „gegeigt" wurden, ihren Kolben und Übertragungselementen stand in keinem Verhältnis zu der erwünschten Resonanz. Aber derart beeindruckend waren die mitreißenden Kämpfe um das „Blaue Band", dass der Verfasser damals die 750 km Anreise mit dem Bus aus Berlin nicht scheute ...

Die ältesten Dampfschiffe, die zu Beginn der Fünfzigerjahre den Bodensee befuhren, waren die 87 Jahre alte „Hohenklingen" aus Schaffhausen sowie die österreichische „Bludenz" mit 67 Betriebsjahren. Diese beiden Dampfer schieden aus Alters- und Rationalisierungsgründen bereits 1954 und 1957 aus dem Dienst aus. Ein vorzeitiges Ende des Dampfbetriebes war das zwar noch nicht, aber anschließend ging es dann doch Schlag auf Schlag: Die bayerische „München", erst 1949 grundlegend modernisiert, wurde am 1. Januar 1958 außer Betrieb gesetzt; genau ein Jahr später ereilte das Schicksal die beiden (Dampf-)Schwestern „Lindau" und „Bavaria". 1960 fiel dem Abwracker dann auch die inzwischen 72 Jahre alte „Zähringen" zum Opfer, die im Sommer 1945 als damals einziges Schiff unzählige hungernde Anwohner zu Hamsterfahrten in die Orte am Überlinger See kutschiert hatte. Und im September 1960 schließlich waren die „St. Gallen" aus Romanshorn und die „Stadt Meersburg" an der Reihe.

Die „Hohentwiel", stolzer Dampfer von 1913, dessen Entstehung wir am Anfang dieses Buches miterlebt haben, erhielt noch eine kleine Galgenfrist: Inzwischen von Friedrichshafen nach Konstanz verlegt,

Die vier hervorragenden Dreidecker aus den Dreißigerjahren auf einen Blick: MS „Schwaben" (oben), MS „Karlsruhe" (unten), MS „Überlingen" (rechts oben) und MS „Baden" (rechts unten).

Alle vier Schiffe erfuhren in der Zwischenzeit z.T. größere Umbauten, haben aber ihren ursprünglichen Charakter immer gewahrt und sind noch heute ohne Einschränkungen im Einsatz. (BSB-Archiv)

sollte sie zum Spätjahr 1961 ausscheiden. Aber durch Probleme, die beim Bau des neuen Motorschiffes „München" auftraten (das eigentlich den Dampfer „ersetzen" sollte), musste DS „Hohentwiel" ein Jahr länger Dienst tun und schied somit erst Ende 1962 aus der Flotte aus.

Allerdings wurde das Schiff nicht abgewrackt, sondern an den Bregenzer Segelclub als Versammlungslokal und Clubheim verkauft – ein Glück, denn in der zweiten Hälfte der Achtzigerjahre weckte man es aus seinem Dornröschenschlaf, und seit 1990 fährt „Hohentwiel" wieder, zahlreichen See-Anwohnern und Dampfliebhabern zur Freude. Doch das ist eine spätere Geschichte!

Anfang der Sechziger besaß die deutsche Bodenseeflotte schließlich nur noch das Dampfschiff „Stadt Überlingen". Dieser prächtige, 1.000 Personen fassende und äußerst schnelle sowie rund um den See beliebte Dampfer war erst 34 Jahre alt: eigentlich zu früh, ihn aus dem Verkehr zu ziehen – die Überlegungen zogen sich daher hin...

Inzwischen war es 1963 und die Wirtschaftswunderzeit immer noch voll im Gange; am Geld sollte es also nicht liegen. Zunächst wurde daher eine Umstellung auf dieselelektrischen Antrieb nach dem Vorbild einiger Genfer See-Schiffe ins Auge gefasst: das wäre finanziell zu verkraften, man würde Personal einsparen und das Schiff wäre zu allen Zeitpunkten sofort betriebsbereit – so etwa lauteten die Überlegungen.

Doch, wie schon beschrieben, besaß das Schiff eine besondere Schalenkonstruktion, um bei gegebener Länge möglichst viele Passagiere laden zu können. Nach dem Ausbau der Dampfkessel- und Maschinenanlage hätte sich durch die eher punktförmige Last des neuen Dieselgenerators eine ungünstige Verlagerung des Schwerpunktes ergeben. Gegengewichte wären erforderlich, um das wieder auszugleichen, und beides zusammen würde eine deutliche Reduzierung der Fahrgastkapazität (und damit des Ertrags) nach sich ziehen. Auch die Umstellung des Kessels auf moderne Ölfeuerung, was man zumindest hätte veranlassen können, schied aus, weil die (deutschen) Bodenseeschiffsbetriebe an die damals noch äußerst preisgünstige Ruhrkohle herankamen, die zu dieser Zeit sogar *„das Gehalt für einen Heizer mehr"* erlaubte. Die Ernüchterung kam damit sofort nach: Ein Umbau lohnte sich nicht – die Kosten wären nie wieder rein gekommen!

Und so wurde summa summarum schließlich entschieden, anstelle des DS „Stadt Überlingen" doch ein neues Motorschiff in Auftrag zu geben! Ein Aufschrei, nicht der Entrüstung – aber aus Wehmut und Traurigkeit über das zu Ende gehende Dampfzeitalter, ging rings um den Bodensee! Allerdings konnten die von Bürgern und Freunden vorgebrachten Widersprüche die oben genannte Entscheidung nicht beeinflussen – oder die Zeit war einfach noch nicht reif genug für unterhaltenswerte Museumsschiffe ...

Die Vorwürfe, warum der Bodensee mit seiner langen, umfassenden Schifffahrtstradition kein öffentlich betriebenes Dampfschiff erhalten konnte, sind bis in unsere Tage nicht verstummt. Ergänzend muss dazu angemerkt werden, dass der Dampfer „Hohentwiel" nach seiner Reaktivierung im Jahre 1990 heute durch eine **private Reederei** betrieben wird. Für öffentliche Fahrten im Sinne der planmäßigen Kursschifffahrt steht DS „Hohentwiel" nur ganz selten zur Verfügung.

In der benachbarten Schweiz dagegen, so wird immer wieder argumentiert, sind auf fast allen größeren Seen betriebstüchtige Dampfschiffe vorhanden, die während der Saison mindestens ein Mal täglich im Kursdienst verkehren – dies neuerdings sogar mit wachsender Tendenz, wenn man z.B. an „Blümlisalp" auf

Eben die Schiffe – hier die Antriebe: Jeder die Voith-Werke verlassende Voith-Schneider-Antrieb wird vor der Auslieferung auf einem Fahrstand auf Herz und Nieren geprüft. Nur getestete und im Dauerbetrieb eingefahrene Antriebe kommen dann zum Einbau auf die Schiffe, *(siehe nächste Seite) ...*

... den diese Aufnahmen auf der Werft Fußbach in das MS „Baden" dokumentieren. Im Endzustand ragen dann nur die Antriebsblätter aus dem Rumpf des Schiffes. Die Wirkungsweise ist auf S. 55 erläutert. (BSB-Archiv: Foto Fitz)

dem Thuner und „Montreux“ auf dem Genfer See denkt. Hierbei handelt es sich nicht um Museums-, sondern um planmäßige Kursschiffe.

Um die Frage „Warum nicht auch auf dem Bodensee?“ zu beantworten, muss man wissen, dass auf dem Schwäbischen Meer die Zeit der Motorschiffe durchschnittlich fast 30 Jahre früher einsetzte als auf den Schweizer Seen. Außerdem war der langjährige Besitzer der BSB, die Deutsche Bundesbahn, in Deutschland auch für den Unterhalt der umfangreichen Hafenanlagen zuständig – in der Schweiz fällt dies in die Obhut der Ufergemeinden. Hinzu kommt das ungemein stärkere Traditionsbewusstsein unserer Schweizer Nachbarn und – nicht zuletzt – ihre beispiellose Solidität im Erhalt der alten Schiffe.

Darüber hinaus war und ist es, auch bei unserem südlichen Nachbarn, heute nur mit Hilfe privater Freundeskreise (die z.B. zur Generalrenovierung von „Schiller“ und „Gallia“ auf dem Vierwaldstätter See aus eigener Kraft sage und schreibe 4 Millionen Schweizer Franken gespendet haben) möglich, die Dampfschiffe zu erhalten, und sie, zumindest während der Saison, auch im planmäßigen Kurseinsatz zu betreiben.

Zurück ins Jahr 1963: Die Abschiedsfahrt des letzten (deutschen) Bodenseedampfers „Stadt Überlingen“ am 15. September, einem strahlenden Spätsommertag, gestaltete sich daher einerseits zu einem Triumphzug – andererseits aber auch zu einer Fahrt mit vielen wehmütigen Hintergedanken. In der namengebenden Stadt des schmucken Dampfers war fast die gesamte Bevölkerung auf den Beinen, um das Schiff feierlich zu verabschieden und der Hoffnung Ausdruck zu verleihen, dass das schon rund zehn Jahre anhaltende „Dampfersterben“ auf dem Bodensee hiermit zu Ende sei.

Doch das Abwracken der romantischen Dampfschiffe musste noch weitere vier Jahre hingenommen werden. Erst am 24. Mai 1967 ging das Dampfzeitalter auf dem Bodensee mit Außerbetriebsetzung der schweizerischen „Schaffhausen“ zu Ende.

Der Grund für diese radikale Ausmusterung von Dampfern auf dem Schwäbischen Meer mag weniger das Alter der Schiffe gewesen sein, sondern vielmehr die immer dringender werdenden Sparmaßnahmen auf dem Personalsektor. Reduzierungen um ein bis zwei Mann wären zwar durch Umstellung auf Schwerölfeuerung möglich, wie sie bei der österreichischen „Stadt Bregenz“ sowie den Schweizer Schiffen „Rhein“ und „St. Gallen“ vorgenommen wurden, aber insgesamt reichte das nicht aus. Neun Mann Personal pro Schiff waren es vorher und selbst sieben wären noch zu viel gewesen! So kam es bei keinem der deutschen Dampfschiffe zum Umbau auf Ölfeuerung; man entschied, dass es sich für die kurze noch zur Verfügung stehende Zeit bis zur Ausmusterung nicht lohne!

Denn dies stand fest: Irgendwann Mitte bis Ende der Sechzigerjahre wollte man auf die Dampfer ganz verzichten und nur noch Dieselmotorschiffe einsetzen, deren Betriebsweise inzwischen immer sicherer wurde. Hinzu kamen die wirtschaftlichen Vorteile durch nur noch drei Mann seemännisches Personal pro Schiff, und das selbst für 900 oder 1.000 Fahrgäste (gegen günstigstenfalls sieben Mann auf einem Dampfer).

Als weiterer Grund wurde wieder und wieder die schnelle Betriebsbereitschaft des modernen Motorschiffes angeführt. Ein kohlegefeuertes Dampfschiff, so argumentierte man, benötigt i.d.R. 4–5 Stunden für das Anheizen der Kessel, ein ölgefeuertes noch 2 Stunden – aber ein Dieselmotorschiff ist sofort einsatzbereit! Damit waren ein für alle Mal die Weichen gestellt.

Rege Neubautätigkeit während der Wirtschaftswunderjahre

Die Zeit ab etwa 1955/57 – die man später die „Wirtschaftswunderjahre" nannte – war, neben den bald in Dienst gestellten Neubauten, geprägt von z.T. bis ins Einzelne reichenden organisatorischen Veränderungen: Einem Meilenstein gleichkommend wurde 1962 nämlich die Erledigung aller operativen, maschinentechnischen, personellen, betrieblichen, kommerziellen und administrativen Aufgaben in einer Zentrale beschlossen, nämlich in den Bodensee-Schiffsbetrieben, abgekürzt BSB, mit Sitz in der Hafenstraße 6 in Konstanz.

Damit wurde der Zustand beendet, dass bislang drei Bundesbahndirektionen (Karlsruhe, Stuttgart und Augsburg) sozusagen eine „eigene" Flotte mit jeweils eigener Werft- und Hafeninfrastruktur unterhielten. Gleichzeitig wurde aber auch der im Staatsvertrag von 1920 zur „Verreichlichung" der Länderbahnen verankerte Gedanke umgesetzt, alle Bodenseeschiffe der Bahn nur noch von einer Stelle aus zentral zu leiten. Durch den Krieg bedingt, hat dessen Realisierung damit 42 Jahre benötigt.

Doch auch der weitere Werdegang der Zentralisierung ging nicht von heute auf morgen – die Umorganisation war 1962 erst beschlossen, aber noch lange nicht vollzogen. Zwar wurden nun die operativen Aufgaben der BSB in Konstanz gebündelt, doch weitere Entscheidungen zunächst noch an drei verschiedenen Orten getroffen. Im bodenseefernen Karlsruhe wurden die grundsätzlichen technischen Angelegenheiten entschieden, im noch weiter entfernten Mainz die Verkehrstarife und in Frankfurt die finanziellen, personellen und marktstrategischen Themen.

Weitere Umorganisationen waren notwendig, um in Konstanz eine richtige „Zentrale" zu schaffen. Erst 1976 ging die Resultatsverantwortlichkeit in den

MS „Stuttgart", der erste Dreideckmotorschiffs-Neubau der BSB nach dem Kriege, lief im Juli 1960 auf der Bodanwerft vom Stapel. Im September 1962 wurde eine Sonderfahrt ab Friedrichshafen im Bilde festgehalten: links unten beim Einsteigen der Passagiere an Platz 2 und oben nach dem Ablegen. Im Hintergrund links MS „Austria" der ÖBB sowie rechts die „München". (BSB-Archiv)

Aufgabenbereich der BSB über, womit naturgemäß die Einzelaufgaben „Erlöse steigern – Kosten senken" verbunden waren.

Aber immer noch hatten die BSB den Status eines Amtes – immer noch sprachen und entschieden zu viele übergeordnete Stellen mit. Das steigerte sich so weit, dass selbst in den 1970er-Jahren die einfache Durchführung eines Gebrauchtschiffskaufes in Höhe von 700.000 DM in Bonn entschieden werden musste; Zeitaufwand: über ein Dreivierteljahr. Das konnte kein Dauerzustand bleiben.

Erst 1983 war es dann so weit, dass in der nächsten Stufe die BSB organisatorisch direkt dem Präsidenten der Bundesbahndirektion Karlsruhe unterstellt wurden, der BSB-Chef also die Stellung eines Abteilungsleiters für sämtliche Angelegenheiten der Bodenseeschifffahrt erhielt. Schwerpunkte seiner Tätigkeit waren nun:

- Die unternehmerische Zielsetzung der BSB definieren,
- eine räumliche und funktionale Abgrenzung zur Bahn vornehmen und
- die jährliche Zielvereinbarung festlegen.

Jetzt ging es mit den Entscheidungen schon schneller: Ein zweites Mal hatten die BSB Gelegenheit, das Schiff eines Privatunternehmers zu erwerben. Und siehe da – nun dauerte die Entscheidung darüber nur noch etwa einen Monat.

Am 1. Januar 1994 wurde die Deutsche Bahn AG gegründet. Die BSB hatten ab diesem Datum den Status einer Niederlassung. Ihr Geschäftsführer war somit gleichzeitig Mitglied der Regionalbereichsleitung im Fernverkehr in Stuttgart. Schon im gleichen Jahr unternahm

die Bahn den Anlauf, die BSB in eine GmbH auszugliedern. Das dauerte etwas, aber 1995 wurde der Gesellschaft dann zuerkannt, dass sie im Sinne des Eisenbahn-Neuordnungs-Gesetzes ein Unternehmen ist, welches Verkehrsleistungen ausführt. Damit war der Weg frei: Die BSB konnten in eine Tochtergesellschaft der Bahn AG und damit in eine handelsrechtlich selbstständige GmbH umgewandelt werden. In diesem Status, das sei noch hinzugefügt, erfolgte am 15. Mai 2003 auch die Übereignung an die Stadtwerke Konstanz GmbH.

Zurück in die Sechzigerjahre: Sozusagen eingeläutet wurde der Bau großer Dreideckmotorschiffe in der Nachkriegszeit durch das MS „Stuttgart", das im Juli 1960 auf der Bodan-Werft in Kressbronn vom Stapel lief.

Davor kam es zu einer Reihe mittlerer und kleiner Einheiten, wie z.B. die Motorschiffe „Friedrichshafen" (1952) und „Lindau" (1958) für 300–350 Fahrgäste

Interessant auch diese Fotofolge, ebenfalls in Friedrichshafen: Am 13. August 1972 nimmt MS „Stuttgart" zur Fahrt nach Mainau über Meersburg ihre Fahrgäste an Bord (oben), dreht nach dem Losmachen im Hafenbecken und wird dabei von anderen Zuschauern beobachtet (unten). Im Hintergrund wieder MS „Austria". (Bild oben: K. Scherff; unten: W. Stuhler)

Diese sommerlich-romantische Aufnahme zeigt wiederum MS „Stuttgart" mit voller Fahrgastbesetzung auf der Rückfahrt aus dem Überlinger See in Richtung Meersburg– Konstanz. Im Hintergrund am Ufer ist die 1750 von Thumb erbaute Barockkirche Birnau zu erkennen. (BSB-Archiv: Bucher)

sowie „Falke", „Sperber", „Habicht", „Adler" und „Milan" als Motorboote der Klasse bis 125 Passagiere.

MS „Stuttgart" war dagegen wieder ein „richtiges" Schiff für rd. 1.000 Fahrgäste. Es war (und ist – denn es fährt noch heute uneingeschränkt) äußerst geräumig und besaß neben Panoramafenstern in den Salons auf dem Mitteldeck auch einen guten Ausblick aus dem geschmackvoll eingerichteten Café im vorderen Drittel des Sonnendecks.

Bei diesem Schiff wurde ein exzellent ausgewogenes Verhältnis zwischen den geschützten Innenräumen und den Freideckplätzen auf dem Oberdeck erreicht.

Tonnagemäßig war „Stuttgart" mit ihren 376 t Wasserverdrängung zwar geringfügig größer als ihre „Vorkriegsschwestern", die Motorschiffe „Schwaben" und „Karlsruhe" mit jeweils rd. 330 t – in den äußeren Abmessungen, seiner Aufnahmekapazität und Motorleistung jedoch kam der Neubau nahe an die in den Dreißigerjahren geprägte Schiffskonzeption heran.

So war es kein Zufall, dass sich der zweite große Nachkriegs-Dreidecker, die MS „München" von 1962, dieser inzwischen erprobten und bewährten Konstruktion anpasste. Die „München" unterscheidet sich, neben ihrem moderneren Aussehen, von „Stuttgart", „Karlsruhe" und „Schwaben" eigentlich nur durch die Wahl ihrer Kamine: Nach dem Vorbild und geltender „Mode" auch bei Seeschiffen aus diesen Sechzigerjahren erhielt der Neubau statt eines „richtigen" Schornsteins nämlich nur zwei schmale „Abgas-Pfosten" – als Autofahrer würde man sie „etwas dickere Auspuff-Rohre" nennen. Im Gegensatz zu der bis dahin geltenden Kombination zwischen Kamin und Vormast erhielt die „München" dadurch ein durchaus individuelles Aussehen, das kein anderes Bodenseeschiff besitzt. Neu war auch ihre große Bartheke im unteren Speisesalon.

„Ein Einzelgänger unter den drei großen Neubauten der sechziger Jahre", berichtete Fritz in dem durch Werner Häusler 1992 in Konstanz herausge-

Das Motorschiff „München" (auch Abb. unten), bis heute immer noch eines der populärsten Fahrgastschiffe der BSB, ist anstelle eines Schornsteins mit „Zwillingskaminen" ausgerüstet, wie sie Anfang der Sechzigerjahre auch „Mode" bei zeitgenössischen Hochseeschiffen waren. (BSB-Archiv: Bucher)

gebenen „Erlebnis Schiffahrt" auf S. 42, *„blieb bei der Deutschen Bundesbahn das 1964 als Ersatz für das Dampfschiff ‚Stadt Überlingen' in Dienst gestellte Motorschiff ‚Konstanz'. Als einziges, größeres Zweideckschiff der Flotte wurde sie 1965 nach Lindau verlegt. Das sehr elegante Schiff eignet sich besonders gut für Ausflugsfahrten und Hauptkurse in der Vor- und Nachsaison."*

Für sehr großen Fahrgastandrang hatte man jetzt also die von 1929 stammende „Allgäu", die in den Dreißigerjahren gebauten „Baden", „Karlsruhe", „Schwaben" und „Überlingen" sowie die Neubauten „Stuttgart", „München" und „Konstanz" zur Verfügung – insgesamt acht große und leistungsfähige Motorschiffe. Diese Schiffe waren jeweils ausgelegt für 700 bis 1.200 Fahrgäste und konnten als komfortable, wirtschaftliche Großmotorschiffe angesehen werden. „Allgäu", als älteste Einheit, wurde diesem Anspruch durch entsprechende Umbauten angepasst.

Die wichtigsten Arbeiten auf MS „Allgäu“ bis 1979:

1954 Umbau der 2-Schrauben-Festpropelleranlage von 1929 auf Voith-Schneider-Antrieb; gleichzeitig Anzahl der Steuerstände von eins auf drei (Brücke sowie Backbord- und Steuerbord-Nock) erweitert. Damit kann das Schiff sowohl von der zentralen Kommandobrücke als auch von den seitlichen, den sog. „Außensteuerständen“, gefahren und (an Landebrücken) angelegt werden. Der Maschinenraum bleibt dabei (vorläufig) noch besetzt. In die Küche werden anstelle der bisher feuergeheizten Herde neue Propangasherde eingebaut.

1959 Schiffsheizung von Kohle- auf Ölfeuerung umgebaut.

1963 Neue Decksbeschichtung aufgebracht.

1966 Umstellung des Maschinenraums auf „wachfreien“ Betrieb, d.h. die komplette Überwachung aller Antriebs- und Stromaggregate sowie das Fahren des Schiffes erfolgen nur noch von der Kommandobrücke aus; der Maschinenraum ist am Tage nicht mehr besetzt.

1971 Ausbau der alten MAN-Motoren von 1929 und Einbau von zwei neuen MWM-Motoren des Typs RH 435 A mit je N = 340 kW (460 PS) bei n = 510 U/min. Als Zwischengetriebe wurde jeweils ein Untersetzungsgetriebe 1,5 : 1 von Reintjes verwendet.

1972 Einbau eines Stahldecks im hinteren Salon, Aufgänge geändert, obere Aufbauten und Kamin abgebaut und neuer Oberdeck-Salon eingebaut, dadurch Umwandlung in ein echtes Dreideckschiff mit über einem Drittel geschlossenem oberen Deck (im Unterschied zu den Umbauten von 1935).

1973 Einbau eines „geschlossenen“ Toilettensystems. Umbau der (seit 1959 ölgefeuerten) Niederdruck-Dampf- auf reine Warmwasserheizung. Elektrischer Speiseaufzug eingebaut.

MS „Allgäu“ an einem Sonntagabend mit Rückreisenden von der Mainau. Die angenehm warmen Temperaturen lassen die meisten Passagiere nach einem luftigen Plätzchen auf dem großen Oberdeck suchen – Innenplätze sind kaum belegt. (BSB-Archiv)

Das für den Bodensee größte Fahrgastschiff „Allgäu" stammte zwar aus dem Jahre 1929, wurde aber durch planvolle Umbauten immer wieder den gestiegenen Publikumswünschen angepasst. Hier ist die 1972 durchgeführte Verlängerung des überdachten Oberdecks besonders gut erkennbar. (BSB-Archiv)

1976 Propangasherde von 1954 ausgebaut und ölgefeuerte Küchenherde eingebaut.

1979 Umstellung der Elektrik von 110 V Gleichstrom auf 220/380 V Drehstrom, dazu zwei neue Stromaggregate je 86 kVA eingebaut.

Das größte Dreideck-Fahrgastschiff des Bodensees „Allgäu" ist bis ins neue Jahrtausend, trotz seiner 71 Jahre, ein „junges" Schiff geblieben, das durch die mehrfachen Umbauten den immer weiter gestiegenen Ansprüchen des Reisepublikums hervorragend angepasst wurde. Das Motorschiff wurde in der Saison ohne jede Einschränkung auf dem besonders hoch frequentierten Schnellkurs Bregenz – Mainau eingesetzt und versah im Hochsommer zusätzlich den überaus starken Pendelverkehr von Meersburg zur romantischen Blumeninsel.

„Doch irgendwann erwischt es auch den Besten" – wie es landläufig heißt. Und so wurde MS „Allgäu" nach Abwägung aller Für und Wider zum Ende der Saison 2000 aus dem Verkehr genommen und im Jahre 2002 verschrottet.

Die für 1.200 Fahrgäste (ab 1949) zugelassene „Allgäu" nach ihrem Umbau 1972, hier aus „Leuchtturm-Position" bei der Ausfahrt aus dem Lindauer Hafen. (BSB-Archiv)

Eine 25-jährige Konsolidierungsphase voll genutzt

Von 1964, dem Jahr der Einführung des MS „Konstanz", bis 1989 wurde bei den (deutschen) Bodensee-Schiffsbetrieben kein weiteres neues Schiff in Betrieb genommen. Diese 25-jährige Investitionspause nutzte man jedoch in anderer Beziehung voll aus: Man konsolidierte die Betriebsabwicklung, den Fahrzeug- und Personaleinsatz und führte mit dem Ziel, neue Märkte zu erschließen, mehrmals gezielte Fahrgastbefragungen durch.

Nach einer Erhebung des US-Soziologen M. Janowitz setzte sich die deutsche Bevölkerung in ihrer sozialen Schichtung in diesen Jahren wie folgt zusammen:

- **Oberschicht** = Adlige und Fabrikanten weniger als 1 %
- **Obere Mittelschicht** = freie Berufe, Beamte des gehobenen und höheren Dienstes, selbstständige Geschäftsleute mit größerem Betrieb, Spitzen-Angestellte 3,7 %
- **Untere Mittelschicht** = Beamte des mittleren Dienstes, selbstständige Gewerbetreibende, mittlere und einfache Angestellte, selbstständige Land- und Forstwirte 38,6 %
- **Obere Unterschicht** = Facharbeiter und gelernte Handwerker im Angestelltenverhältnis 13,3 %
- **Untere Unterschicht** = angelernte und ungelernte Arbeiter, abhängige Beschäftigte in der Land- und Forstwirtschaft 38,6 %
- **Unklassifizierbar** = ? 4,9 %

(aus: Der Modelleisenbahner 2/2002, S. 46)

Alt und Neu nebeneinander: Hier liegt „Konstanz" neben dem schon zum Abbruch bestimmten Motorschiff „Kempten", das 1988/89 außer Dienst gestellt wurde und noch einige Jahre (bis zur endgültigen Verschrottung) als Restaurant im Konstanzer Hafenbecken gute Dienste leistete. (BSB-Archiv)

Für 25 Jahre war der elegante Zweidecker MS „Konstanz" das „neueste" Schiff der BSB-Flotte, genau von 1964 bis 1989 – hier läuft sie gerade Friedrichshafen an. (BSB-Archiv: Bucher)

Die MS „Schwaben" „ladet" in Lindau neue Passagiere und nimmt anschließend Kurs auf die Bregenzer Bucht. (BSB-Archiv)

Auf diesen Daten aufbauend kam bei den Bodensee-Schiffsbetrieben Anfang der Siebzigerjahre erstmals das Thema „Konferenzen auf dem See" zur Diskussion. Die Grundüberlegung dazu war folgende: Womit kann man Konferenz-Teilnehmer neu inspirieren, wenn sich in landfesten Tagungshotels schon ein Gefühl der Routine eingestellt hat, die oftmals sogar bremsend auf den dynamischen Verlauf und das Endresultat des Meetings wirken könnte? – Antwort: Nur mit etwas ganz Neuem, etwas vorher nie da Gewesenem! Man müsste, wie eine Werbeschrift der norddeutschen TT-Line damals aussagte, „Einen neuen Kurs im Tagungs- und Konferenzgeschäft einschlagen"!

Und damit begann die Zeit der Konferenzen auf Schiffen. Neue Begriffe wie „Alle in einem Boot", „Tagen mit Wellenschlag" oder „Ihr schwimmendes Konferenz-Center" kamen auf.

Zwar zählten zu diesem Zeitpunkt Meetings mehr auf (See-)Schiffen zu den neuen Standards im Tagungsgeschäft, aber warum sollten nicht – so dachten die BSB weiter – auch lukrative Angebo-

Der vordere Salon von MS „Stuttgart", festlich geschmückt für eine Silvester-Fahrt zu Beginn der Neunzigerjahre. (BSB-Archiv)

te auf Bodenseeschiffen, besonders natürlich auf den neuen Dreideckern der Sechzigerjahre, möglich sein? Groß genug waren sie dafür und die für eine Tagung unerlässliche Technik ließe sich einbauen. Auch die verkehrsgünstige Lage für die Anreise der Tagungsteilnehmer, ein kulturelles Rahmenprogramm, landschaftliche Besonderheiten, bestechende Angebote der Gastronomie und nicht zuletzt eine organisatorische Perfektion waren bereits vorhanden.

Die Bodenseeschiffe verfügen nicht nur über moderne und funktionelle Konferenzräume, sondern vermitteln eine Atmosphäre, die auch der „normale" Fahrgast auf dem Schwäbischen Meer (siehe Einleitung) spürt: Hier herrscht ein Fluidum, das kreatives Schaffen und erfolgreiche Arbeitsergebnisse geradezu herausfordert. Alle Konferenzteilnehmer sind ständig beisammen, völlig ungestört. Auf einem Schiff ist Jeder jederzeit und für Jeden zu erreichen und immer ansprechbar – das stärkt das Zusammengehörigkeitsgefühl und motiviert zu einem kooperativen Miteinander!

Hinzu kommt die technische Seite, und hier folgte, gerade während der 25 Jahre „Neubauten-Pause", eine geradezu „stürmische" Entwicklung, was die Ausstattung der Tagungsräume und die Ausrüstung mit modernen Tagungshilfen betraf. Alle Innenräume auf einem Bodenseeschiff besitzen:

- dezente, harmonische Farbgestaltung,
- breite Fensterfronten für gutes Tageslicht,
- statisch neutrale Fußbodenbeläge,
- regulierbare Klimaanlage sowie
- ergonomischen Kriterien entsprechende Seminarstühle

und außerdem den stets erholenden (und stimulierenden) Blick auf den See, der durchaus anregend sein kann ohne abzulenken.

Technische Einrichtungen und Geräte für eine gelungene Tagung waren vorhanden oder wurden nachgerüstet, als da sind:

- Overhead-Projektoren,
- Videorecorder und Farbmonitore,
- Diaprojektoren mit Kasten- und Karussel-Magazinen,
- Film- und Projektionsleinwände von 1,30 m bis über 3 m Seitenlänge,

- Schreib- und Magnettafeln, Flip-Charts, Pin-Wände,
- Schreibset und Schreibgerät für jeden Tagungsteilnehmer,
- Telefon, Telefax, später: Internet-anschluss,
- Fotokopierer, auch für Overheadfolien
- sowie Namens-Schilder.

Das ständig besetzte Konferenzbüro auf dem Schiff berät den Tagungsteilnehmer in allen Fragen der Organisation und schafft ihm für eine reibungslose Kommunikation nach außen während der Konferenz alle Probleme vom Hals; z.B. werden eingehende Anrufe erst nach Rückfrage auf Wichtigkeit an den Teilnehmer weitergereicht, um die Konferenz nicht durch unnötige Kleinigkeiten zu stören.

Sämtliche Räume werden nach Bedarf gestaltet und technisch ausgestattet, immer adäquat für den jeweiligen Einsatzzweck wie Seminare, Besprechungen, Gruppenarbeit, Verkaufstraining, Filmvorführungen, Ausstellungen oder z.B. Vorträge. Offizielle Feierlichkeiten mit geladenen Gästen, Modeschauen, Verkaufsmessen, kleine Börsen oder auch nur simple Betriebsausflüge sind natürlich genauso gut möglich.

Damit soll das Thema Konferenzen und Tagungen auf Bodenseeschiffen hier abgeschlossen sein, nicht ohne zu betonen, dass bei den BSB heute ein Konferenzmanager tätig ist, der bei zunehmender Tagungsnachfrage ständig gut zu tun hat.

MS „Schwaben", ein leistungsfähiges Dreideckmotorschiff vom Baujahr 1937 und Schwesterschiff der „Karlsruhe", hat hier in Lindau angelegt und entlässt seine Passagiere zu einem Bummel durch die sehenswerte Altstadt. (BSB-Archiv: Umbrecht)

Bei ihrer Inbetriebnahme 1935 hieß die „Überlingen", wie geschildert, zunächst MS „Deutschland" – siehe unteres Bild, in Lindau aufgenommen. Nach weiteren (Namens-)Änderungen, bedingt durch Krieg und Besatzungszeit, erhielt das Schiff dann im Jahre 1970 seinen heutigen Namen. Das obere Foto stammt von einer Bus-Schiffs-Sonderfahrt im Herbst 1987. (Beide Fotos BSB-Archiv, unten: Finke; oben: Amler)

Großes „Facelifting" für MS „Baden" auf der Werft in Friedrichshafen, Frühjahr 1999 (oben). Zwei Jahre früher schon brachte BSB-Mitarbeiter Heinz Huber († 2002) am Schornstein der „Baden" das neue Logo an (Mitte) und unten ist das tadellos „geweißelte" Schiff auf einer Abendrundfahrt ab Konstanz am 28. Mai 2000 zu sehen. (BSB-Archiv, Mitte: Allgaier; unten: Wenske)

Unter wehender Flagge

Die meisten sommerlichen Routen werden von Schiffen aller drei Nationen befahren – manchmal kunterbunt, wie's gerade kommt. Auf die deutsche „München" folgt kurze Zeit später vielleicht die österreichische „Vorarlberg", im Anschluss legt die elegante Schweizer MS „St. Gallen" an und wieder eine Viertelstunde später kommt MS „Karlsruhe" daher ... So geht es den ganzen Tag über!

Denn die modernen Bodenseeschiffe sind in vielen Punkten einander so ähnlich geworden, dass erst auf den zweiten Blick und bei genauerem Hinsehen auf die Tafel mit den technischen Daten an Bord Unterschiede feststellbar sind: Zum Beispiel sind die österreichischen Einheiten i.d.R. mit stärkeren Motoren ausgerüstet als ihre Schweizer und deutschen „Kollegen", und die Schweizer Schiffe heben sich meist durch ihre sehr gediegene und komfortable Inneneinrichtung hervor. Für alle aber gilt: Heutige Dieselmotorschiffe sind – wie unsere modernen Autos – nicht nur ähnlicher, sondern auch „langlebiger" geworden. Ein Verschleiß am Stahl der Schiffsschale infolge von Korrosion sowie eventuelle Materialrisse, (früher) verursacht durch die stampfende, stark zu Schwingungen neigende und langsam laufende Dampfmaschine – eine der Hauptursachen für vorzeitige Außerbetriebsetzung eines Schiffes –, gehören ein für alle Mal der Vergangenheit an. Zudem sind die Schiffsrümpfe heute durch gute Oberflächenbehandlungen wie z.B. Spritzverzinken besser denn je gegen jede Art von Korrosion geschützt.

Mit dem ersten Frühkurs hat MS „Karlsruhe" am 13. August 1972 eine Schar froh gestimmter Passagiere von Konstanz/Meersburg nach Friedrichshafen gebracht und fährt nun, mit neuen Fahrgästen, dieselbe Tour wieder zurück. (K. Scherff)

Dreideck-Motorschiff „München", bereit zur Jungfernfahrt am 1. August 1962. Die „München" wurde durch ein Explosionsunglück auf der Bodan-Werft terminlich um mehrere Monate zurückgeworfen – das erstmalige „In-See-gehen" war schon für das Frühjahr geplant. Da der Neubau aber zu Saisonbeginn nun nicht zur Verfügung stand, musste kurzfristig das Dampfschiff „Hohentwiel" aushelfen. (BSB-Archiv)

Moderne Schiffsschalen können also – bei normalem Einsatz – weder rosten noch reißen!

Alle von den Antriebsmotoren, Pumpen, Stromaggregaten usw. ausgehenden Schwingungen werden durch zwischen Aggregat und Rumpf montierte, isolierende Übertragungselemente, das sind ausgeklügelte Gummizwischenlagen mit Stahlkäfig, weitgehend eliminiert. Als überaus angenehmer Nebeneffekt solcher „Vollisolatoren" ergibt sich, dass auch kein „Körperschall" in das Schiff selbst mehr übertragen wird, was zu bedeutender Komfortverbesserung und geringerer Geräuschbelästigung für die Fahrgäste geführt hat. Auf der „Graf Zeppelin" z.B. nehmen die Passagiere selbst im untersten Salon keine Schiffs- oder Motorengeräusche mehr wahr.

Auch die unterschiedlichsten Leitungselemente wie Elektrokabel, Luft- und Ölschläuche, Telefon-, Funk- sowie Steuerleitungen von elektronischen Ausrüstungen sind heute viel besser isoliert und gegen aggressive Medien geschützt als in der Vergangenheit. Mit anderen Worten: sie sind weitgehend verschleißfrei. Genauso sind die Deckanstriche der Schiffe, alle Bodenbeläge, Möbel und Einrichtungen – einfach das ganze Schiff – technisch ausgereifter; es fährt leiser, sauberer und ist optimal gegen jede Art von Witterungseinflüssen abgedichtet. Ein heutiges Bodenseeschiff wird dabei wesentlich älter als ein früheres (ohne „alt..." auszusehen). Es bietet seiner Reederei also eine bedeutend längere Lebensdauer bei weniger Unterhaltskosten.

Und was für das ganze Schiff gilt, ist erst recht auch für moderne Antriebsmotoren Standard: hohe Umweltfreundlichkeit, im Verhältnis zur Leistung geringer Treibstoffverbrauch und – das Wesentliche – extrem lange Lebensdauer. Hinzu kommt ein ausgesprochen guter Service und prompte Ersatzteillieferung. Und aus diesem Grunde arbeiten die deutschen Bodensee-Schiffsbetriebe seit Jahren mit einem Motorenhersteller zusammen, der nicht nur am See „zu Hause" ist, sondern alle diese Forderungen auch erfüllt: der Motoren- und Turbinenunion GmbH, abgekürzt MTU in Friedrichshafen. Mehr als 90 % der deutschen Bodenseeschiffe sind inzwischen mit Dieseln dieses Herstellers ausgerüstet.

Der Motorenhersteller MTU, eine Tochtergesellschaft der DaimlerChrysler AG, verfügt über große Erfahrungen im Bau von Schiffsdieselmotoren: Fast 25.000 Einheiten wurden in den letzten Jahren geliefert, davon die meisten für Binnenschiffe. Weit über 50 % aller weltweit im Einsatz befindlichen Passagier- und Fährschiffe sind heute mit MTU-Motoren ausgerüstet – bester Beweis für ihre Zuverlässigkeit. Bei luxuriösen Privatbooten, sog. „Megayachten" der 80 Fuß-Klasse (ca. 25 m), ist deren Anteil sogar noch größer: der 16 Zylinder-1470 kW-MTU-„Yachtmotor" z.B. hält bei dieser Bootsklasse einen Marktanteil von 90 %.

Die neue Fähre der Meersburg-Konstanz-Route, um ein weiteres Beispiel zu nennen, ist mit vier Diesel-Elektro-Aggregaten in der Kombination MTU/Siemens von je 500 kW ausgerüstet, zusammen also 2.000 kW. Die Voith-Schneider-Antriebe „verbrauchen" bei diesem Neubau aber lediglich 1.200 kW, so dass genügend Reserven bestehen, wenn einmal eines der vier Stromaggregate für Instandhaltungsarbeiten „vom Netz" genommen werden sollte.

Bis Mitte der 1980er-Jahre, rund ein Vierteljahrhundert also, brauchte bei den (deutschen) Bodensee-Schiffsbetrieben kein neues Schiff angeschafft zu werden – und dabei sah die Flotte stets aus, als ob sie gerade aus der Werft gekommen wäre ...

Trotzdem wurde es für die Gesellschaft mit der Zeit „eng" – die ständig zunehmenden Verkehrszuwächse im zweistelligen Prozentbereich konnten mit den vorhandenen Kapazitäten, namentlich in

Der Maschinenraum der „München" mit seinen 2 Dieselmotoren à 365 PS (270 kW) und dem großen Schaltschrank mit den Sicherheitseinrichtungen für „wachfreien" Fahrbetrieb. (BSB-Archiv: Engels)

Die „München" (vorn) beim Ablegen im malerischen Fischerort Langenargen. MS „Schwaben" wartet dahinter, bis die Landungsbrücke frei wird. Luftbild-Freigabe durch Regierungspräsidium Tübingen Nr. 42/2616. (BSB-Archiv: M. Grohe)

Bevor „Graf Zeppelin" 1989 zur Flotte stieß, war MS „München" dem Konstanzer Einsatzhafen zugeteilt, und hier sehen wir sie – direkt vor dem Konzilsgebäude. (BSB-Archiv)

der Hochsaison, nicht mehr problemlos abgedeckt werden. Und so war die Betriebsaufnahme des neuen Dreideckmotorschiffes MS „Graf Zeppelin" im März 1989 für die Schiffsbetriebe der bedeutendste Schritt in Richtung eines markt- und kundenorientierten Dienstleistungsunternehmens für den Bodensee. Lassen wir daher DB-Vorstandsmitglied Dipl.-Ing. Kurt Reimers, der die Taufe des Schiffes im Konstanzer Hafen vornahm, selbst zu Worte kommen. In seinem Vortrag werden darüber hinaus Einzelheiten zu Konstruktion und Montage ausgeführt, die man normalerweise kaum erfährt und die uns damit einen hervorragenden Gesamteindruck über das Schiff vermitteln.

In Bezug auf einige sonstige Informationen darin müssen wir allerdings ergänzen, dass diese Rede zu einem Zeitpunkt gehalten wurde, als die heutige Deutsche Bahn AG noch schlicht Bundesbahn hieß, sich die sog. große „Bahnreform" aber schon abzeichnete.

Hier also Kurt Reimers am 18. März 1989: *„Um den künftigen Herausforderungen des Marktes gewachsen zu sein, sind in erster Linie unternehmerische Aktivitäten erforderlich. Daher haben wir uns bereits Anfang der 80er Jahre für eine Wettbewerbsstrategie entschieden. Unsere Angebote richten wir an den Bedürfnissen unserer Kunden aus und konzentrieren uns auf Geschäfte mit Zukunft. DB heißt dabei für uns nicht nur ,Die Bahn' oder ,Der Bus', sondern auch ,Das Boot'. Im nassen Element sind wir Eisenbahner genauso zu Hause wie auf Schiene und Straße, werden von uns doch drei Schiffsbetriebe als Regionale Geschäftsbereiche der DB mit eigener Resultatverantwortung betrieben:*

- *Die ,Vogelfluglinie' zwischen Deutschland und Dänemark,*
- *der Schiffsdienst und die Inselbahn auf Wangerooge sowie*
- *die Bodensee-Schiffsbetriebe.*

Daß wir auch im ‚Süßwasser' international sind, zeigt die traditionsreiche Bodenseeschiffahrt. Gemeinsam mit den Schweizerischen Bundesbahnen SBB, den Österreichischen Bundesbahnen ÖBB und der Schweizerischen Schiffahrtsgesellschaft Untersee und Rhein Urh betreiben wir die ‚Weiße Flotte' hier im Schwäbischen Meer. Somit reiht sich der heutige Tag, wie ich ohne Übertreibung sagen kann, nahtlos in unsere unternehmerischen Aktivitäten ein. Wir dokumentieren damit, daß wir auf Zukunft setzen und alle Anstrengungen unternehmen, unseren Betrieb attraktiver zu gestalten.

In vieler Hinsicht ist dies ein großer Tag, den wir heute mit Ihnen, meine verehrten Damen und Herren, feiern können:

- *Ein großer Tag für die Deutsche Bundesbahn, denn nach mehr als 25 Jahren wird wieder ein Neubau für die Weiße Flotte in Dienst gestellt,*
- *ein großer Tag für die Österreichischen Schiffswerften AG (ÖSWAG) in Linz, denn Sie, meine Damen und Herren von der Werft, konnten den ersten Auftrag für ein Schiff der DB in Ihren Auftragsbüchern verzeichnen,*
- *ein großer Tag aber auch für die Fremdenverkehrsregion Bodensee, denn dieses Schiff wird eine Marktlücke ausfüllen und somit das Gesamtangebot ergänzen,*

Modell und Wirklichkeit (unten): Die 56 m lange „Graf Zeppelin" fasst insgesamt 700 Fahrgäste. (BSB-Archiv: Dieth)

Und hier ist das nagelneue Schiff vor der Pfarrkirche St. Georg mit ihrem barocken Zwiebelturm auf der Halbinsel Wasserburg zu sehen. (BSB-Archiv)

Während der Entstehungsphase der „Graf Zeppelin" kam es im November 1988 auf der Montagewerft in Fußach zu einer ersten großen Baubesichtigung durch die leitenden Herren der BSB (unten), zweiter von rechts ist der damalige Geschäftsführer Professor Dieter Bögle. (BSB-Archiv: Amler)

– und ein großer Tag für Friedrichshafen, denn dieses Schiff wird den Namen ihres berühmtesten Ehrenbürgers, Graf Zeppelin, tragen.

Der heutige Tag hat eine längere Vorgeschichte: Begonnen hat alles im Jahre 1986 mit der Entscheidung des Vorstandes der Deutschen Bundesbahn, die deutsche Bodensee-Flotte um einen Neubau zu ergänzen. Gleichzeitig sollten das 54 Jahre alte MS ‚Kempten' sowie das 35 Jahre alte Motorboot ‚Habicht' außer Dienst gestellt werden – denn die Renovierungskosten dieser beiden Schiffe wären einfach zu hoch gewesen. Ein neues Schiff war kostengünstiger und stellte sich als die wirtschaftlichste Lösung dar. Unser Beschluß im Vorstand erfolgte vor dem Hintergrund, daß wir auch künftig die Bodenseeschiffahrt als komplementären Bestandteil unseres Gesamtangebotes ansehen.

Wenn wir dies neue Schiff nun hier sehen, so kann ich feststellen, daß unsere damalige Entscheidung richtig war und sich das langjährige Engagement unserer Bodensee-Schiffsbetriebe gelohnt hat.

Mit großer Freude dürfen wir heute also das Motorschiff ‚Graf Zeppelin' in unsere Flotte aufnehmen!

Gestatten Sie mir an dieser Stelle nun einige Aussagen zur Konzeption und zum

Bauablauf: Eine wesentliche Vorgabe der DB für Planung und Bau des Schiffes war, daß rd. 70 % der 700 Fahrgäste in zwei geschlossenen Räumen an Tischen Platz nehmen können. Bei den heutigen Einheiten finden im Durchschnitt nur 40 % der zugelassenen Passagiere in drei bis fünf Fahrgasträumen Platz.

Vom Einsatzbereich her sollte das Schiff mit seiner gehobenen Gastronomie, die von einem in Friedrichshafen ansässigen Hotel betrieben wird, vor allem für gesellschaftliche Veranstaltungen wie zum Beispiel Tagungen, Konzerte oder Modeschauen zu chartern sein. Tagsüber soll es auch als Ausflugsschiff dienen. Diese Vorgaben bestimmten schließlich die gesamte Konzeption und damit das äußere und innere Erscheinungsbild des Schiffes.

Weiterhin sollte es sich in die vorhandene ‚Weiße Flotte' der DB als eigenständiges, modernes Objekt eingliedern. Es sollte in einem funktionalen, zeitgemäßen Stil ausgestattet werden und eine schlichte Eleganz ausstrahlen. Daher waren Komposition und Farbzusammenstellung auf eine ruhige, harmonische Gesamtwirkung ohne Extravaganzen abzustimmen. Neben diesen konzeptionellen und gestalterischen Vorgaben kam noch eine sehr wesentliche, nämlich die finanzielle Vorgabe hinzu. Der kalkulatorische Preis durfte auf keinen Fall überschritten werden!

Nach erfolgter Vergabe an die ÖSWAG machte sich ein Team aus erfahrenen Schiffbauern, praxiserprobten Betreibern und ideenreichen Designern ans Werk, um dem Ausschreibungsentwurf des Schiffes den letzten Schliff zu geben.

Dabei waren die Anordnung

- der beiden Fahrgasträume,
- der Küche,

Im Vorfrühling 1989 machte die neugebaute „Graf Zeppelin" erste Probefahrten, um ihre Manövrierfähigkeit in den engen Häfen zu testen. Hier ist das Schiff – noch mit „verhängtem" Namenszug – beim Einlaufen in Lindau zu beobachten, links die „Schwaben" vom Baujahr 1937. (BSB-Archiv: Roither)

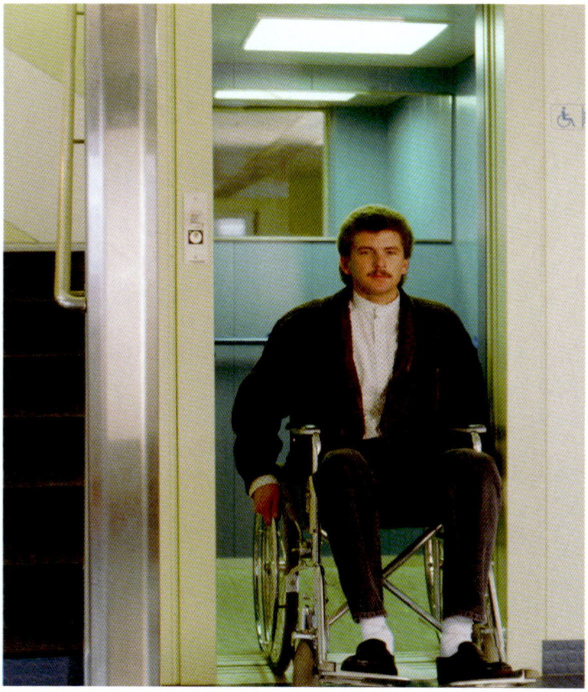

Die neueren Schiffe der Bodenseeflotte, wie hier MS „Graf Zeppelin", verfügen über rollstuhlgerechte Einrichtung und Behindertenaufzug, der von den Firmen ZF und Metallwerke Zeppelin mit je 50.000 Mark gespendet wurde. (BSB-Archiv)

– des Behindertenaufzuges und
– des Treppenhauses

die konzeptionellen Grundlagen für das äußere Design.

Das Design im Inneren sollte bestimmt sein durch Funktionalität und Bedienungsqualität. Mit dem Farbdesign der Fahrgasträume wurde schließlich dem pastellfarbenen Lokalcolorit am Bodensee entsprochen.

Aus Kostengründen durften keine neuen Materialien und Formen kreiert werden, sondern nur marktgängige Produkte Verwendung finden. Diese Vorgabe stellte die Designer oftmals vor schwierige Entscheidungen. In jedem Einzelfall wurden – wie Sie sich gleich überzeugen können – stets gute Lösungen gefunden.

Deshalb möchte ich an dieser Stelle insbesondere Herrn Professor Seeger von der Universität Stuttgart, der über seinen Kollegen und Geschäftsführer der Bodensee-Schiffsbetriebe, Herrn Professor Bögle, für die Designberatung des Neubaus gewonnen werden konnte, sehr herzlich für seine Mitarbeit in diesem Team danken.

Während der Konstruktionsarbeiten arbeitete das Projektteam noch voll am inneren und äußeren Design des Schiffes weiter. Es war keine leichte Aufgabe, dies in die Arbeiten am ‚Eisenplan' zu integrieren – aber auch das wurde dank der kooperativen Zusammenarbeit schließlich geschafft.

Am 3. Mai 1988 erfolgte die Kiellegung auf der ÖSWAG-Werft in Linz – nahezu 600 Bahnkilometer vom Bodensee entfernt. Drei Monate später war das Schiff im Rohbau fertiggestellt – besser gesagt: grob verschraubt, denn zum Transport an den Bodensee mußte es wieder in Einzelteile zerlegt werden. Anfang September 1988 gingen dann 144 Segmente auf ‚Große Fahrt' – mit der Bahn. Bei diesen Transporten über Salzburg, Innsbruck, den Arlberg bis nach Fußach am Bodensee mußte buchstäblich Millimeterarbeit geleistet werden. Die letzten vier Kilometer gingen die Waggons mit dem in ‚handliche Portionen' zerlegten Schiff sogar auf die Straße und zwar per Straßenroller bis zur Montagewerft direkt am See.

Hier wurde am 15. September 1988 das Schiff ‚zum zweiten Male auf Stapel gelegt'. Die Schiffbauer der Werft fügten die Einzelteile Stück für Stück wieder zusammen – nun allerdings wasserdicht verschweißt. Der Einbau des Schiffsantriebes, bestehend aus zwei Voith-Schneider-Propellern und den beiden 12 Zylinder-MTU-Dieseln mit je 341 kW, schloß sich an. Und am 29. November 1988, rund einen Monat früher als geplant, er-

folgte der Stapellauf. – Von nun an hatten die Schreiner, Installateure, Elektriker, Mechaniker und Maler das Sagen ...

Und heute, am 18. März 1989, danke ich allen, die mit ihren Ideen und Gedanken, ihrer Arbeit und ihrem Einsatz dieses gelungene Werk geschaffen haben. Dem Schiff ,Graf Zeppelin' wünsche ich allzeit gute Fahrt und stets eine Handbreit Wasser unter dem Kiel!"

Das neue Motorschiff „Graf Zeppelin" löste bei seiner Inbetriebnahme die 54 Jahre alte „Kempten" sowie das von 1953 stammende Motorboot „Habicht" ab. Die Überholung sowie Renovierung dieser beiden Fahrzeuge – das hatte man zuvor genauestens kalkuliert – wäre auf deutlich mehr als acht Millionen DM gekommen, die das komplett neue MS „Graf Zeppelin" gekostet hatte.

Ausführliche technische Daten zu diesem Neubau finden Sie im Schiffsregister am Ende des Buches. Was Sie dort aber nicht finden, sind die z.T. ausufernden Emotionen, die in den Jahren 1987/88,

Auf der modernen Brücke der „Graf Zeppelin" befinden sich nicht nur die Navigations- und Überwachungsgeräte einschließlich Selbststeuer-Anlage, sondern auch die umfangreichen Geräte des Lenz- und Feuerlöschsystems. Die Aufnahme stammt vom 29. April 1989 – inzwischen wurde das auf dem Bild sichtbare Radargerät mit einem Tageslichtschirm ausgerüstet. (K. Scherff)

Kapitän Rolf Glatz am Steuerbord-Kommandostand der „Graf Zeppelin" beim Anlegemanöver in Meersburg. Das rechte Bild zeigt einen Blick in den Maschinenraum „des Grafen"; im Vordergrund ein Hilfsdiesel für die 220/380 V-Bordnetzversorgung. (BSB-Archiv: Amler)

Unter dem Werbeslogan „Zwei Epochen – eine Reise" veranstalten die BSB zusammen mit der Schifffahrtsagentur Konstanz jeweils mehrmals pro Jahr gemeinsame Rundreisen des neuesten und des ältesten Schiffes auf dem Bodensee: MS „Graf Zeppelin" vom Baujahr 1989 und DS „Hohentwiel" von 1913. Wie man hier sieht, sind beide Einheiten bis auf den letzten Platz ausgebucht. (BSB-Archiv)

vor der Auftragsvergabe der (deutschen) Bodensee-Schiffsbetriebe an die (österreichische) Bauwerft, rund um den See hörbar wurden. Dabei war die Reederei – schon in Vorbedacht der sich bald ergebenden, fast könnte man sagen: „Unkenrufe" – zwei Jahre früher sehr großzügig gewesen und hatte in einer offenen Pressekonferenz mit anschließendem Essen darüber informiert, welche (begrenzten) Geldmittel für die Neuinvestition zur Verfügung stünden und dass keine deutsche Werft zu dem genannten Rahmen ein Angebot abgegeben habe. Die Pressevertreter hatten es sich an diesem Abend zwar gut schmecken lassen, aber einige hatten die Gastlichkeit dann später in ihren Berichten mit kritischen Fragen kommentiert wie z.B. „warum denn keine deutsche Werft bei der Auftragsvergabe bevorzugt, die Order stattdessen an einen 'Ausländer' erteilt wurde" – Dinge, die man ihnen eigentlich in der Pressekonferenz ausführlich erläutert hatte.

Dabei hatte man von Seiten der Presse mehrere wichtige Tatsachen quasi unter den Tisch fallen lassen: dass nämlich unser Nachbar Österreich für uns eigentlich kein „Ausland" ist, sich Schweizer und norddeutsche Unternehmen seit Jahren dort Schiffe bestellen und in keinem einzigen Falle schlechte Qualität geliefert oder mangelnde Auftragserfüllung konstatiert wurden. Auch hätte auf die am Bodensee schon jahrzehntelang währende echte Partnerschaft zwischen den Schiffsbetrieben der drei Nationen hingewiesen werden müssen, genauso wie die im Kapitel „Ein neuer Krieg verhindert weiteren Flottenausbau" beschriebene, äußerst erfolgreiche und vertrauensvolle gegenseitige Hilfe bei der „Internierung" der Schiffe zu Ende des Krieges.

Doch sei es wie es sei – das alles war am 18. März 1989 Vergangenheit und niemand, nicht einmal die größten Kritiker, hätten an MS „Graf Zeppelin" etwas aussetzen können. Denn nach einer ganzen Reihe von Vorstellungsbesuchen rund um den See ging das neue Schiff am 29. April 1989 in den Liniendienst – und fährt seitdem, abgesehen von kleineren Instandhaltungsreparaturen, ohne Beanstandungen – zur Freude seiner Passagiere und nicht zuletzt als Bestätigung der richtigen Entscheidung seitens der BSB!

Jeweils zu Beginn eines Jahres werden die Routen aller Schiffe für Kurs- und Sonderfahrten schon weitgehend vorgeplant, so dass dann später nur noch geringfügige Änderungen eintreten können. Übertragen auf MS „Graf Zeppelin" sieht z.B. ein typischer Jahres-Sonderfahrten-Zyklus so aus:

- Fahrt als „Bibelschiff",
- „Litera"-Tour,
- SWF 3-Popschiff,
- Fahrten anlässlich des Bodensee-Festivals,
- „Disco-Boat"-Party,
- Muttertags-Erlebniskreuzfahrten,
- Sonderfahrt zum Arborner Seenachtsfest,
- Besuch des Seehasenfestes Friedrichshafen,
- Sonderfahrt zum Uferfest in Langenargen,
- „Häfler" Dixie- und Jazzschiff,
- i.d.R. 6–10 Fahrten zu den Bregenzer Festspielen,
- Abendrundfahrt am 1. August zum Schweizer Nationalfeiertag,
- exklusive Tanzfahrt anlässlich „Seenachtsfest Konstanz",
- Dixiefahrt ab Konstanz zum Saisonausklang,

Sonderstempel zur Taufe von „Graf Zeppelin" am 18.3.1989. (BSB-Archiv)

- Adventsfahrt mit „Bordnikolaus",
- Silvester-Kreuzfahrt

sowie weitere Kurs- und Sonderfahrten zu unterschiedlichen Anlässen und Bestellungen.

Nun zu einem anderen Thema: Im Kapitel „Wirtschaftswunderjahre" wurde bereits auf den Stand der Gesellschaft innerhalb der Deutschen Bahn AG hingewiesen, der sich – zumindest bis 1995 – als äußerst kompliziert und bei notwendigen Entscheidungen sehr zeitaufwendig darstellte. Es sei hier nochmals auf die

Die Deutsche Bundesbahn gab 1989 eine Ansichtskarte heraus, auf der die neue „Graf Zeppelin" während einer gemeinsamen Sonderfahrt mit MS „Allgäu" im Hintergrund zu sehen ist, also das älteste und das neueste Motorschiff der BSB-Flotte. (BSB-Archiv)

geschilderten Kaufentscheid-Beispiele hingewiesen.

Die Deutsche Bahn AG ist in mehrere Unternehmensbereiche unterteilt: Netz, Personenverkehr (nochmals unterteilt in Fernverkehr, Stadt- und Regionalverkehr), den Cargobereich, Bahnhöfe und Dienstleistungen. Der Regionalverkehr wurde mit der Bahnreform zur Ländersache erhoben; die einzelnen Bundesländer bzw. ihre Gebietskörperschaften bestellen und finanzieren das jeweilige Zugaufkommen bzw. die Leistungen der Bodensee-Schiffsbetriebe.

Die Kosten lassen sich nicht allein durch Fahrgeldeinnahmen erwirtschaften. Deshalb gewährt der Bund den Ländern schon seit 1967 über das „Gemeindeverkehrsfinanzierungs-Gesetz" GVFG Finanzhilfen für *„Investitionen zur Verbesserung des Verkehrs der Gemeinden im Bereich des kommunalen Straßenbaus und des ÖPNV"*. Im Jahre 1996 hat der Bund im Rahmen der Regionalisierung die Aktivitäten an die Länder übertragen und gewährt hierfür die sog. „Regionalisierungsmittel" – allerdings, und das ist der Pferdefuß an der Sache, nur *„sofern es die Haushaltslage ermöglicht"*.

Durch die Herausnahme der BSB aus der Deutsche Bahn AG-Gruppe und die Übertragung in die Obliegenheiten der Stadt Konstanz, die im Prinzip selbst eine Gebietskörperschaft darstellt, erfuhr dieses System nun eine Vereinfachung: Markt und Angebot liegen jetzt quasi in einer Hand, womit seitens des Schiffsbetriebes auf sich ändernde Marktanforderungen schneller und gezielter eingegangen werden kann.

Doch das oben Gesagte war Mitte der Neunzigerjahre noch Zukunftsmusik: Bis 2003 war man ein Tochterunternehmen der Deutschen Bahn AG. Und diese genehmigte, da die Bodensee-Schiffsbetriebe mehr und mehr ältere Schiffe aus Kostengründen ausrangieren mussten, nochmals zwei Neubauten, allerdings für völlig unterschiedliche Einsätze:

- MS „Königin Katharina" für die Bereiche Untersee/Rhein sowie Obersee ,
- Motorfährschiff „Euregia" für die deutsch-schweizerische Querverbindung Friedrichshafen–Romanshorn.

Die Mainau ist heute Hauptanziehungspunkt für die meisten Bodenseebesucher, die vorwiegend Schiffe – wie MS „Karlsruhe" am Anleger – für die Anreise nutzen. Seit Jahren ist Inselherr Graf Lenhart Bernadotte auch Ehrenkapitän der Bodensee-Schiffsbetriebe. (BSB-Archiv: Dubacher)

Ein weiterer BSB-Neubau der Neunzigerjahre ist die „Königin Katharina", ein mittelgroßes Ausflugs- und Meeting-Schiff. Durch ihre bewusst flache Bauweise ist die „Königin" auch für die Rheinstrecke nach Schaffhausen geeignet. (BSB-Archiv: Kranert)

Diese Aufnahmen geben Zeugnis davon, wie lebhaft der deutsch-schweizerische Gemeinschaftsfährdienst Friedrichshafen – Romanshorn genutzt wird – fast immer sind alle Fähren voll beladen: Oben die „Romanshorn", unten „Friedrichshafen". Als dritte Einheit kam im Jahre 1996 MF „Euregia" dazu. (BSB-Archiv)

Mit unkonventionellen Lösungen zum Ziel

Aus gutem Grund stellt der Neubau MF „Euregia" etwas Besonderes dar, ist er doch das erste Schiff, das zwei Staaten zu gleichen Anteilen gehört: nämlich Deutschland und der Schweiz. Die unkonventionelle Lösung eines Schiffsbesitzes (und -einsatzes, denn die „Euregia" befährt eine internationale Fährroute und ihre Betriebskosten betragen dadurch für beide Staaten nur jeweils die Hälfte) ist einmalig in Europa und nur deshalb möglich, weil Deutschland und die Schweiz auf dem Bodensee seit über 100 Jahren als echte und sich gegenseitig unterstützende Partner zusammenarbeiten. Und dies nicht erst (wir erinnern uns) seit Ende des letzten Krieges durch die vorübergehende „Internierung" deutscher Schiffe in der Schweiz, sondern wesentlich länger – im Prinzip seit dem Beginn der Schifffahrt auf dem Schwäbischen Meer überhaupt!

Am 29. Juni 1996 wurde die neue Fähre genau auf der deutsch-schweizerischen Grenzlinie in der Mitte des Sees getauft; bis 14. Juli stellte sich das Schiff in verschiedenen Bodenseehäfen dem Publikum vor. Und einen Tag später, am 15. Juli 1996, ging MF „Euregia" in den regelmäßigen Kursverkehr zwischen Friedrichshafen und Romanshorn. Durch den Einsatz dieser neuen Fähre ist der seit langem geforderte, ganzjährige Stundentakt möglich geworden, wozu insgesamt drei Einheiten notwendig sind. Zum Beispiel können „Euregia" und „Romanshorn" dann den stündlichen Kursdienst bestreiten, da sie für die Überfahrt nur rd. 40 min. benötigen und 20 min. im jeweiligen Ladehafen liegen – während dieser Zeit wird die dritte Einheit, in unserem Beispiel also MF „Friedrichshafen", gereinigt, überholt, aufgetankt und für den nächsten Einsatz fit gemacht. Im Anschluss daran beginnt der gesamte Schiffs-Einsatz- und Instandhaltungs-Kreislauf wieder von vorn.

Nur wenigen ist bekannt, dass der Fährdienst Friedrichshafen – Romanshorn lange Jahre, zuletzt mit den MF „Romanshorn" und MF „Rorschach", ein reines Schweizer Unternehmen war. Erst 1983 trat ein neuer, heute noch gültiger Vertrag in Kraft, der die Linie in einen deutsch-schweizerischen Gemeinschaftsdienst mit jeweils genau gleicher Verantwortlichkeit umwandelte. Zu diesem Zeitpunkt übernahmen die Deutschen die bis dahin schweizerische „Rorschach" und setzten sie als MF „Friedrichshafen" unter deutscher Leitung in Betrieb. Als „Euregia" als 3. Fähre dazukam, erhielt also jede Seite ein vollwertig eigenes und ein neues „halbes" Fährschiff in Besitz.

Und so kann der Fährdienst Friedrichshafen – Romanshorn, wenn der Markt dies wünscht, mit drei Schiffen, die immer reihum im Einsatz sind, Tag und Nacht einen echten Stundentakt durchhalten, an den Wochentagen genauso wie sonntags und feiertags – im Frühling, Sommer, Herbst und Winter – pausenlos und ununterbrochen.

Auch der Name „Euregia" des neuen Schiffes ist übrigens international! Er wurde von einer Kommission, die sich aus Deutschen und Schweizern zusammensetzte, unter 2.600 Namensvorschlägen von beiden Seiten des Sees ausgewählt. Mit dem Namen „Euregia" – so die Jury in ihrer Begründung – soll die große Be-

Motorfährschiff „Euregia" im (nicht immer) relativ ruhigen Hafen Romanshorn auf der Schweizer Seite des Bodensees ... (BSB-Archiv)

deutung dieser Fährverbindung für die Region Bodensee zum Ausdruck gebracht werden. Die „Euregia" wird die Menschen rund um den See stets daran erinnern und immer wieder aufmuntern, diese „grenzenlose" Zusammenarbeit zu pflegen und weiter zu verstärken.

Somit setzt sich die Flotte der Bodensee-Schiffsbetriebe heute aus den 14 Ausflugs-Motorschiffen und „1 ½" Fährschiffen der Linie Friedrichshafen – Romanshorn zusammen. Zur besseren Übersicht fügen wir hier, alphabetisch geordnet, die Namen und Fahrleistungen aller Schiffe an. Über ihre technischen Daten, Baujahre und den jeweiligen Werdegang gibt darüber hinaus die im Anhang folgende Schiffsliste Auskunft.

		Fahrleistung 2003
– MS	„Baden"	28.492 km
– MF	„Euregia"	18.763 km
– MF	„Friedrichshafen"	55.200 km
– MS	„Friedrichshafen"	24 km
– MS	„Graf Zeppelin	8.431 km
– MS	„Karlsruhe"	20.647 km
– MS	„Königin Katharina"	19.344 km
– MS	„Konstanz"	20.004 km
– MS	„Lindau"	10.775 km
– MS	„Mainau"	8.512 km
– MS	„München"	32.521 km
– MS	„Reichenau"	14.248 km
– MS	„Schwaben"	24.979 km
– MS	„Stuttgart"	23.204 km
– MS	„Überlingen"	25.165 km
– MS	„Uhldingen"	18.873 km
	zusammen also knapp	340.000 km

(Quelle: Dampferzeitung)

Natürlich müssen die Fahrgastschiffe auf dem Bodensee auch regelmäßig gewartet und überholt werden. Für die öffentliche Personenschifffahrt auf dem See gelten sogar ganz besonders strenge Bestimmungen, die viel genauer sind als z.B. der TÜV für private Autos. Das hat dazu geführt, dass alle 16 Einheiten, meist während der Winterpause, in einer der Werften „auf den Slip" genommen werden müssen, da gerade die Außenrevision der Schiffe, die Schalenkontrolle, die Prüfung auf Dichtheit, die Funktion der Voith-Schneider-Antriebe usf. einen extrem hohen Stellenwert bei den jährlichen Instandhaltungsarbeiten einnehmen.

Und hierbei konnte man in jüngster Zeit eine geradezu fundamentale Wandlung feststellen: Die Vergabe der sehr viel umfangreicheren Generalrevisionen (deutscher) Bodenseeschiffe an eine (lange Zeit als zu teuer empfundene) Schweizer Werft. Das BSB-Schiff MS „Karlsruhe" nämlich hat man im Winter 2003/04 auf der schweizerischen SBS-Werft Romanshorn einer Langzeitüberholung unterzogen. Allerdings war dies nicht der erste Auftrag in der neuen Konstellation.

„Die Generalüberholung der ‚Karlsruhe' mit einem Umfang von mehr als zwei Millionen Euro ist sicherlich eine der größeren Ordern, die wir in der SBS-Werft bisher bearbeitet haben", erläuterte denn auch Martin Böller, Geschäftsführer der Schweizerischen Bodensee-Schifffahrtsbetriebe. Doch er erklärte dann auch gleich, dass in den letzten Jahren schon wiederholt Schiffe der Bodensee-Schiffsbetriebe Konstanz in der Romanshorner SBS-Werft überholt wurden. Das lag sicherlich zum einen an den nicht ausrei-

... und – völlig ungewohnt – im Konstanzer Hafen. Hier ist die Fähre sonst nie zu sehen, aber am 28. April 2004 war eben einmal alles anders. Rund 500 Gäste hatten sich zur Verabschiedung von Alt-Geschäftsführer Bögle eingefunden und wurden empfangen und bewirtet auf dem Fahrbahndeck der „Euregia". (K. Scherff)

Selbst lange und harte Winter wie 1996/97 dürfen die wichtige Fährverbindung Friedrichshafen – Romanshorn (wie hier mit MF „Euregia") nicht beeinträchtigen. (BSB-Archiv oben: Winkelmann; unten: Großkopf)

chenden Kapazitäten in den (deutschen) BSB-Werften, zum anderen aber auch *„... konnten wir unsere Marktstellung stetig ausbauen und unser Preis-Leistungsverhältnis verbessern"*, wie er uns weiter erklärte. Allerdings ist Böller auch Realist und sah als auslösenden Hauptgrund schließlich: *„Der Wasserstand in Friedrichshafen, dem Sitz der BSB-Werft, war im Herbst 2003 so niedrig, dass das Schiff ‚Karlsruhe' schon in die Werfthalle hätte fliegen müssen – normal aufziehen war einfach nicht mehr möglich."*

Trotzdem: Für die große Schiffsrevision von MS „Karlsruhe" im Winter 2003/04 wurden in Romanshorn rd. 40 Mitarbeiter eingesetzt; normalerweise sind hier nur 25 Festangestellte beschäftigt. Die Arbeiten auf der Helling umfassten den Auftrag eines neu entwickelten Korrosionsschutzes mit anschließendem Neuanstrich, Arbeiten an der Schiffsschale mit Überholung der Motoren und der Voith-Schneider-Antriebe sowie den Einbau neuer Fenster mit Sicherheitsglas. Außerdem mussten umfangreiche, mit Schweißarbeiten verbundene neue Einbauten an Küche und Toiletten vorgenommen werden. Weiterhin hat man in mehreren Innenräumen an den vielbelaufenen Rand-

Ein Zeppelin NT (Neue Technologie), aufgenommen von Bord der MF „Euregia" während einer Sonderfahrt, überfliegt im Vordergrund eine Fähre des Meersburg-Konstanz-Dienstes und kreuzt anschließend (unteres Bild) die Stadt Meersburg. (K. Scherff)

zonen neue Bodenbeläge installiert und eine verbesserte Außenbeleuchtung mit umfangreichen Verkabelungen am Schiff angebracht.

Im Bereich Umweltschutz, unter dessen Prämisse auch der oben erwähnte Auftrag des neuen Korrosionsschutzes erfolgte, ist es bereits am 2. März 2004 zu einer erneuten Validierung des Unternehmens BSB nach dem EU-Öko-Audit/ISO 14001 gekommen – das sei noch hinzugefügt. Auch hier also residiert die Schiffsgesellschaft mit in der vordersten Reihe.

Zwei andere, ständig zunehmende Aktivitäten der BSB sind, neben dem schon im vorigen Kapitel angesprochenen Kongressgeschäft, der Bereich Sonderfahrten und Schiffsvercharterung. Allein 15.000 Fahrgäste z.B. nutzten im Sommer 2003 die beliebten Fahrten zu den Bregenzer Festspielen. Hierbei starteten etwa gegen 18.00 Uhr die Schiffe von Konstanz, Meersburg, Friedrichshafen und Lindau und offerierten während der Fahrt ihren festlich beschwingten Theaterbesuchern ein mehrgängiges Abendmenü an Bord, um dann zeitig genug direkt neben der Seebühne in Bregenz anzulegen. Nach Schluss der Vorstellung wurde auf der Rückfahrt nochmals ein feudaler Mitter-

Das Trio ist komplett: Nachdem 1996 als dritte Fähre MF „Euregia" ihren Betrieb aufnahm, kann die Linie Romanshorn – Friedrichshafen nunmehr in beiden Richtungen im Stundentakt fahren. Bei ihren Fährkunden kommt das Konzept gut an. (BSB-Archiv)

nachtsimbiss angeboten, der von den meisten Festgästen auf dem mondbeschienenen See dankbar genossen wurde. In den extrem warmen Sommernächten 2003 waren die Fahrten per Schiff, die rechnerisch zwei komplette Aufführungen in Bregenz mit einem hoch gestimmten Publikum füllten, ein voller Erfolg – vielleicht gerade deshalb, weil sich diese 15.000 Menschen auch nicht in ihren eigenen Pkw über die oft staugefährdeten Straßen um Bregenz quälen mussten.

Auch der Geschäftszweig Schiffsvercharterungen konnte in der letzten Saison gute Ergebnisse vorweisen. Ein großer Hausgerätehersteller buchte beispielsweise die MS „Lindau" zu 15 abendlichen Ausfahrten mit Mitarbeitern und Gästen. Das Jubiläums-Hafenkonzert des Südwestdeutschen Rundfunks wurde im Juni an Bord von MF „Euregia" in Friedrichshafen abgehalten. Ein Nahrungsmittelhersteller aus Baden-Württemberg buchte dieselbe „Euregia" bereits im achten Jahr zu jeweils zwei Ausfahrten mit 400 Wiederverkäufern. Eine bayerische Bank charterte die Motorschiffe „Graf Zeppelin" und „Schwaben", um 720 geladenen Gästen das Erlebnis einer abendlichen Bodenseefahrt zu bieten.

Sie alle verlassen sich auf ein Antriebsaggregat, das im Ansatz sofort zum Erfolg führte und auf dem Bodensee seit nunmehr über 70 Jahren im Einsatz ist: den Voith-Schneider-Propeller, abgekürzt VSP. Durchweg alle deutschen Bodensee-Ausflugsschiffe sowie die Fähren der Linien Meersburg – Konstanz und Friedrichshafen – Romanshorn sind damit ausgerüstet, mit anderen Worten: alle 23 Schiffe, die sich heute im Besitz der Stadtwerke Konstanz GmbH befinden.

Die technischen Details des VSP wurden bereits im Kapitel „Zwei Neubauten für die (deutsche) Flotte" besprochen. Hier soll lediglich ergänzt werden, dass bei den neuesten Anlagen wie z.B. der „Euregia" der Antrieb des VSP nicht mehr direkt durch einen Dieselmotor erfolgt, sondern über Elektromotoren (aus Sicherheitsgründen sind pro Antrieb zwei E-Motoren eingesetzt).

Denn Umweltschutz wird heute bei der Schifffahrt groß geschrieben. Ein Dieselmotor, der über einen Generator Strom erzeugt, um einen Elektromotor zu betreiben, arbeitet immer im günstigsten, saubersten Drehzahlbereich. Er erzeugt viel weniger Abgase (und Lärm), als wenn er direkt auf den Propeller gekuppelt wird und unterschiedliche Drehzahlen oder z.B. „Vollgas" hergeben muss. Und es kommt noch etwas hinzu: Sollte ein Dieselaggregat defekt gehen, so ist durch die anderen (Fährschiff „Kreuzlingen" z.B. verfügt über fünf) immer noch genug Strom vorhanden, damit der elektrische Schiffsantrieb in Betrieb bleibt. Zu den Vorteilen zählt außerdem, dass der defekte Diesel sofort an Bord repariert werden kann, ohne dass das Schiff anhalten muss.

Beim klassischen Dieselantrieb dagegen muss das Schiff bei Reparaturen des Antriebs komplett aus dem Verkehr gezogen werden.

Die höheren Anschaffungskosten der Diesel-Elektro-Motorisierung machen sich durch diese 100 %-Verfügbarkeit des Schiffes sofort bezahlt!

Doch das ist nicht alles: Mit dem modernen dieselelektrischen Antrieb halten sich die Schiffsbetriebe stets den Rücken frei für künftige Motorisierungsvarianten: sollte es z.B. noch umweltfreundlichere Dieselaggregate auf dem Markt geben, so können diese nacheinander im Schiff eingebaut und in Betrieb genommen werden – die Verkabelung zu den elektrischen VSP-Antrieben ist schnell hergestellt. Und falls der Strom eines Tages z.B. einmal über eine Brennstoffzelle erzeugt wird, so ist auch das problemlos möglich, ohne gleich das ganze Schiff umzubauen ...

Hier lässt sich ein künftiger Bodenseefan an Bord die ersten Seebeine wachsen, zur Sicherheit vorerst noch in der Obhut seines Papas. (BSB-Archiv: Bucher)

Fahrt in die Zukunft

Dipl.-Betriebswirt Kuno Werner/Geschäftsführer der BSB, erläutert am 28. April 2004 an Bord der „Euregia" aktuelle Geschehnisse und gibt einen Ausblick auf die Zukunftspläne der Gesellschaft. (K. Scherff)

Am Sonntag, dem 4. April, begann die Saison 2004 der Vereinigten Schifffahrtsunternehmen für den Bodensee und Rhein, kurz VSU. Traditionsgemäß fand einen Tag vor der offiziellen Eröffnung die Internationale Flottensternfahrt auf dem Bodensee statt. Aus Anlass des 120-jährigen Jubiläums der österreichischen Bodenseeschifffahrt wurde diesmal die Stadt Bregenz als Ziel der Fahrt ausgewählt.

Autor und Verleger dieses Buches nahmen die Gelegenheit wahr, an Bord von MS „Graf Zeppelin" in einem Interview mit BSB-Geschäftsführer Dipl.-Betriebswirt Kuno Werner die Übernahme der Gesellschaft in das Eigentum der Stadt Konstanz sowie aktuelle Geschehnisse und Zukunftspläne der heute größten Binnenschiffs-Reederei Europas zu besprechen.

Herr Werner, in fast allen Städten sind es immer einzelne, führende Männer aus Politik und Verwaltung, die mit Weitblick und oft gegen großen Widerstand bedeutende Projekte für die Stadt oder Region in die Tat umgesetzt haben, wie z.B. Fritz Arnold in Konstanz, Günter Klotz in Karlsruhe oder Ernst Reuter in Berlin. Hat es auch bei diesem Projekt, der Übernahme der Bodensee-Schiffsbetriebe in den Besitz der Stadt Konstanz, eine solche leitende Persönlichkeit gegeben, die das Projekt mit Vehemenz vorantrieb?

Der Vergleich mit Fritz Arnold, Günter Klotz und Ernst Reuter ist hier sicherlich nicht angebracht. Es handelte sich bei diesem Kauf nur um eine unternehmerische Vision, die kombiniert worden ist mit der politischen Weitsicht des amtierenden Oberbürgermeisters. Nachdem sich die Vision der Geschäftsführung der Stadtwerke Konstanz GmbH als realistische Möglichkeit herauskristallisierte, hat das Telefonat des Oberbürgermeisters von Konstanz, Herrn Horst Frank, mit einem Vorstandsmitglied der Deutschen Bahn AG die Sache ins Rollen gebracht. Ich habe dann gemeinsam mit meinem Kollegen, Herrn Geschäftsführer Konrad Frommer, und einem Team die zwei Jahre andauernden Verhandlungen zu einem für die Stadt Konstanz und für die Region positiven Ergebnis gebracht.

Sie waren als Geschäftsführer der Stadtwerke durch den Betrieb der „Schwimmenden Brücke" Meersburg – Konstanz schon vorher mit see- und schiffstechnischen Dingen befasst, was ja sonst im „B nnenland", wie man an der Waterkant die Gegend um den Bodensee bezeichnet, relativ selten vorkommt. Hat S e diese außergewöhnliche Tätigkeit bewogen, hier nun spontan der neuen Aufgabe zuzustimmen?

Nun, man muss sagen, dass die Waterkant für mich kein Neuland ist. Immerhin bin ich in Eckernförde an der Ostsee geboren. Ich habe mich sehr viel an der Ostsee aufgehalten und sicherlich ist damit auch die Liebe zur Schifffahrt entstanden.

Haben Sie die Besitz-Übernahme der BSB, die ja auf Daten und Entscheidungen von Ihnen als Fachmann beruht, mit beeinflussen können?

Ja, wir haben mehr als zwei Jahre Verhandlungen mit der DB AG geführt. Anfänglich war es nicht geplant, auch alle Häfen und Landebrücken, die die BSB von der DB-Immobilien GmbH angepachtet hatte, mit zu übernehmen. Nach reiflicher Überlegung kamen wir zu der Erkenntnis, dass neben dem Erwerb der BSB auch der Besitz der Häfen und Landebrücken für die Zukunftssicherung der BSB wichtig ist.

Nun ist das erste Geschäftsjahr unter Ihrer Leitung ja ein sehr gutes gewesen. Hätte denn rein theoretisch, wenn im Gegenteil etwas schief gegangen oder der geschäftliche Erfolg nicht so überzeugend gewesen wäre, grundsätzlich die Möglichkeit eines Rücktritts vom Projekt bestanden?

Im Rahmen eines Vertrages werden i.d.R. auch Rücktrittsmöglichkeiten bei Nichteinhaltung der „Spielregeln" vereinbart. Das war in unserem Fall natürlich ähnlich.
Aufgrund der exakten finanziellen Analyse der BSB-Bilanzen und der Geschäftspapiere bestand aber zu keiner Zeit ein Zwei-

Die MS „Graf Zeppelin", auf der anlässlich der Saisoneröffnungsfahrt nach Bregenz Kuno Werner Rede und Antwort stand. (BSB-Archiv: Dieth)

Am 28. April 2004 wurde der langjährige Geschäftsführer Dieter Bögle von der neuen Geschäftsführung feierlich in den verdienten Ruhestand verabschiedet. Von links nach rechts: BSB-Geschäftsführer Kuno Werner; Dieter Bögle; Stadtwerke Geschäftsführer Konrad Frommer. (K. Scherff)

fel, dass die BSB für die Stadtwerke Konstanz GmbH kein vorteilhaftes Geschäft ist. Die im Rahmen der Finanzanalyse prognostizierte finanzielle und bilanzielle Entwicklung hat sich zwischenzeitlich bestätigt. Wir sind mit dem Geschäftsverlauf der BSB sehr zufrieden.

Hätte die Rücktrittsklausel auch auf andere Dinge angewendet werden können, z.B. bei Vorlage unvollkommener Daten seitens des Verkäufers?

Grundsätzlich ja, aber – wie gesagt – dies war nicht notwendig, vor allem auch vor dem Hintergrund eines äußerst fairen Verhandlungsstiles seitens der DB AG, die uns die gewünschten Daten und Fakten über die BSB zur Verfügung gestellt hat.

Nun zum Tagesgeschäft: Bisher stand Ihnen Herr Professor Dieter Bögle, der das Unternehmen unter Bahn-Ägide 30 Jahre lang leitete – nun aber in den verdienten Ruhestand gegangen ist – als Berater und tatkräftige Hilfe zur Seite. Werden Sie in Zukunft die Geschäftsführung allein bestreiten oder längerfristig wieder einen Kollegen dazunehmen?

Herr Prof. Bögle hat das Unternehmen sehr erfolgreich geführt. Er ist auch heute noch für Einzelfragen, die vor allem historische Hintergründe haben, verfügbar. Meine Aufgabe ist es nun, die Integration der BSB in den Stadtwerke-Konzern zu vollziehen und dabei neue Ideen für die Weiterentwicklung anzustoßen. Ich werde schon bald, zum 1. Oktober 2004, einen Geschäftsführerkollegen bekommen, der sukzessive die operative Geschäftsführung übernehmen soll. Für strategische Fragen stehe ich natürlich weiterhin zur Verfügung. Ich muss mich jedoch wieder verstärkt meiner eigentlichen Aufgabe, der Geschäftsführungsfunktion bei den Stadtwerken, widmen. Wir haben noch einige interessante Ideen, die Stadtwerke Konstanz weiterzuentwickeln. Ich bleibe jedoch der Schifffahrt immer verbunden.

Bekannt ist, dass Sie alle 155 Mitarbeiter aus der Zeit der BSB-Zugehörigkeit zur Deutschen Bahn AG zunächst übernommen haben. Nun sind darunter aber auch sog. Bundesbeamte – werden diese Mitarbeiter im Beamtenstatus weiterbeschäftigt oder längerfristig zu Angestellten der GmbH?

Rund 60 der insgesamt 155 Mitarbeiter der BSB sind in der Tat sog. „Zugewiesene Beamte". Dies ist eigentlich ein Novum. Wir sind mit den „Beamten" sehr zufrieden und haben sogar nach dem Erwerb bereits einen weiteren Beamten „eingestellt", d.h. uns von den BEV (Bundes-Eisenbahn-Verwaltung) zuweisen lassen. Wenn ein Beamter es wünscht, seinen Status aufzugeben und als Mitarbeiter der GmbH angestellt zu werden, ist dies natürlich möglich, jedoch wahrscheinlich nachteilig, da dadurch viele Vorteile aufgegeben werden müssen.

Unter den „14 ½" Fahrgast- und Fährschiffen der BSB befinden sich auch einige schon ältere Einheiten aus den frühen Dreißigerjahren wie „Baden", „Überlingen" oder „Schwaben". MS „Allgäu" von 1929 wurde vor vier Jahren ausrangiert. Wird es den genannten Einheiten bald auch so gehen?

Wir haben tatsächlich eine relativ betagte Flotte mit einem Durchschnittsalter von rd. 40 Jahren. Die Rahmenbedingungen für das Betreiben einer solchen Flotte ändern sich: Denken Sie an die Kundenwünsche, an Sicherheitsvorschriften, an den Umweltschutz, die neue Anforderungen an die Flotte stellen. Meine Meinung ist, dass die Flotte aus einer guten Kombination historischer und moderner Schiffe bestehen sollte, um einerseits die schönen alten Schiffe zum Teil zu erhalten und andererseits mit modernen Schiffen die neuzeitlichen Anforderungen zu erfüllen.

Das Motorschiff „Baden" von 1935 ist inzwischen das älteste der Dreideck-Großfahrgastschiffe der BSB für 800 Fahrgäste, aber – wie man hier sieht – immer noch ein erfreulicher Anblick und voll im Dienst. (BSB-Archiv: Monika Sonntag)

Ein Stück Erholung und Erleben ist es immer wieder: Blauer Himmel und blauer Bodensee passen zusammen. Kapitän Leopold Frütsche im Steuerbord-Kommandostand auf dem Motorschiff „Baden". (BSB-Archiv: Pleßke)

MS „Karlsruhe" vom Baujahr 1937 wurde erst kürzlich mit erheblichem Aufwand wieder für eine Reihe von Jahren fit gemacht. War das der Anfang einer Serie von weiteren Überholungen? An welche Schiffe denken Sie dabei?

MS „Karlsruhe" wurde in der Tat wieder fit gemacht. Wir hoffen, das Schiff mit dieser Generalüberholung weitere 15 Jahre betreiben zu können.
Als Nächstes denken wir jedoch an ein Ersatzschiff für das MS „Lindau". MS „Lindau" erhält bald keine weitere Zulassung mehr und eine Generalsanierung lohnt sich nicht. Wir denken an ein neues Schiff.

Wie am Beispiel „Karlsruhe" zu erkennen war, haben Sie die Generalrevision des Schiffes erstmals im schweizerischen Romanshorn durchführen lassen, obwohl Sie in Konstanz, Lindau und Friedrichshafen über eigene Werften verfügen. Wird die Vergabe des Auftrages in die Schweiz jetzt öfter vorkommen oder war das extreme Niedrigwasser 2003 einer der Gründe dafür?

Wir arbeiten mit allen Werften am Bodensee eng zusammen, da wir aus eigener Kraft den notwendigen Instandhaltungsbedarf nicht decken können. Größere Maßnahmen werden daher ausgeschrieben und die günstigste Werft erhält den Auftrag.
Das Niedrigwasser hat dieses Mal in der Tat dazu geführt, dass wir befürchten mussten, MS „Karlsruhe" in Friedrichshafen nicht mehr slippen zu können, da der extreme flache Wasserstand eventuell zu einer Grundberührung geführt hätte. Aus diesem Grunde haben wir den Auf-

trag für die Generalüberholung von MS „Karlsruhe" vergeben.

Bei der „Schwimmenden Brücke" Meersburg – Konstanz ist ja seit kurzem der Neubau einer Großfähre in Betrieb. Sind Neubauten auch für den übrigen Bereich der Bodensee-Schiffsbetriebe geplant?

Das ist richtig. Die „Tabor", das größte Fährschiff auf dem Bodensee – und ich meine auch das schönste Fährschiff – ist seit Ende Juni 2004 offiziell im Fährbetrieb eingesetzt. Über den geplanten Neubau als Ersatz für MS „Lindau" habe ich bereits berichtet.

Sind andererseits Verkäufe von noch gut erhaltenen Bodenseeschiffen geplant?

An Verkäufe denken wir zurzeit nicht.

Werden in Zukunft bei Ihren Fahrgastschiffen diesel-elektrische Antriebe eingesetzt – wie schon bei den neuesten Fähren der Linie Meersburg – Konstanz? Wenn dies der Fall ist – wird das bereits bei dem in Planung befindlichen Personenschiff umgesetzt werden?

Auch die gemeinsame Fähre der Schweizerischen Bodensee-Schifffahrtsgesellschaft AG und der BSB GmbH, die MF „Euregia", besitzt einen diesel-elektrischen Antrieb.
Vorteil dieses Antriebssystems ist eine hohe Verfügbarkeit der Fähre. Bei Ausfall eines Dieselmotors sind die Vortriebe weiterhin funktionsfähig, je nach Leistungsauslegung mit voller oder reduzierter Leistung.

Die „Familienfahrt" auf einem Bodenseeschiff ist immer ein Erlebnis und mit der stark verbilligten „Bodenseekinderkarte" auch finanziell keine große Belastung. (BSB-Archiv)

Nachteile sind:

- *höhere Kosten,*
- *ein schlechterer Wirkungsgrad durch die zusätzlich benötigten Generatoren und Elektromotoren,*
- *aus gleichem Grund ein höheres Gewicht und ein größerer Platzbedarf.*

Dem Zweck und der Bauart der Fähren entsprechend, spielen diese Nachteile eine untergeordnete Rolle gegenüber dem Vorteil der höheren Verfügbarkeit. Bei einem reinen Personenschiff wirken sich diese Nachteile gravierend aus. Der Platz für eine solche Anlage ist auf Fahrgastschiffen in der Größenordnung der BSB-Schiffe nicht vorhanden.

Sind Kooperationen der BSB wie z.B. mit der Katamaran-Reederei, mit der Sie schon in 2003 zusammengearbeitet haben, in Zukunft vermehrt vorgesehen?

Die Katamaran-Reederei gehört zu 50 % zum Stadtwerke-Konstanz-Konzern – ich selbst bin im „Nebenamt" auch Geschäftsführer der Katamaran-Reederei. Dadurch haben wir natürlich optimale Bedingungen, um Abstimmungen zwischen den verschiedenen Schiffsaktivitäten herbeizuführen. Die neuen Katamarane, die Konstanz und Friedrichshafen miteinander auf direktem Wege verbinden, wurden bereits in Auftrag gegeben. Die Bodan-Werft wird gemeinsam mit einer holländischen Werft diese Katamarane bauen. Der Betrieb für die neue Verbindung zwischen den beiden Städten soll Mitte 2005 aufgenommen werden.

Werden die 20 „öffentlichen" Fahrten des Raddampfers „Hohentwiel" im Jahre 2004 durch die BSB akquiriert oder ist das eine von Ihrer Firma völlig

Schnappschuss einer Sonderfahrt von MS „Graf Zeppelin" und DS „Hohentwiel". Diese Reisen beginnen und enden normalerweise in Meersburg. Konstanz ist Umsteigehafen, damit jeder Fahrgast das neueste und älteste Bodenseeschiff kennen lernen kann (BSB-Archiv)

losgelöste Angelegenheit, allein durch die private Hohentwiel-Schifffahrtsgesellschaft?

Die BSB – insbesondere ich persönlich – haben sehr gute Kontakte zu den Betreibern des DS „Hohentwiel". Wir stehen für eine enge Zusammenarbeit zur Verfügung. Ich bewundere den Verein, der ein solch altes Schiff mit all den speziellen Instandhaltungsproblemen am Leben erhält. Das DS „Hohentwiel" ist ein sehr schönes Schiff, und ich wünsche den Kollegen auch weiterhin sehr viel Erfolg. Der Betrieb erfolgt derzeit losgelöst von den Aktivitäten der BSB.

Soweit die Antworten von Kuno Werner. Seine Offenheit in Personalfragen, die neue Unternehmensstrategie der Gesellschaft mit ihren kurzen Entscheidungswegen und nicht zuletzt ein klarer Blick in die Zukunft haben ihm in der relativ kurzen Zeit seines Wirkens als BSB-Geschäftsführer bereits eine große Anzahl von Pluspunkten eingetragen. Bei den Bodensee-Schiffsbetrieben sind die Weichen in jeder Beziehung auf Erfolg, Umweltschutz und Sicherung der Arbeitsplätze gestellt. Die Anfänge sind gemacht – weiter so!

Ein lauer Sommertag geht zu Ende: froh gestimmt besteigen die Fahrgäste im Hafen von Meersburg „ihr" Bodenseeschiff und genießen dann während einer ruhigen Nachhausefahrt das Schwäbische Meer nochmals. (BSB-Archiv)

Immer noch ist die Schiffsglocke, hier die der „Friedrichshafen I" von 1856, Tradition auf den meisten Bodenseeschiffen und stets ein Symbol für „Allzeit gute Fahrt". Urlauber und Einheimische genießen es, wenn damit eine neue Saison eingeläutet wird und die Fahrt vielleicht noch in einen warmen Sommerabend hineingeht, wie hier an Bord von MS „München", die gerade die Station Kressbronn verlässt. (BSB-Archiv)

Aktueller Flottenbestand der Bodensee-Schiffsbetriebe GmbH, Konstanz

Schiffsliste mit Erläuterungen. Stand: 1.7.2004

Schiffsname	Baujahr	Tonnage	Fahrgäste	Länge x Breite	Maschinen	Werft/Erläuterung
MS **Baden**	1935	305,00 t	730	53,0 x 10,0 m	2 x 294 Kw	Bodan/Dreidecker
MF **Euregia**	1996	300,00 t (Zulad)	700	60,0 x 13,4 m	4 x 280 kW	Bodan/Dieselelektr.
MF **Friedrichshafen**	1966	420,80 t	700	55,5 x 12,2 m	2 x 440 kW	geb.als **Rorschach****
MS **Graf Zeppelin**	1989	360,00 t	700	56,3 x 12,2 m	2 x 341 kW	Öswag/Tagungsschiff
MS **Karlsruhe**	1937	370,10 t	800	56,3 x 11,4 m	2 x 295 kW	Deggendf./Dreidecker
MS **Königin Katharina**	1994	290,00 t	500	52,5 x 10,5 m	2 x 298 kW	Genthin/Halbsalon
MS **Konstanz**	1964	344,00 t	690	57,0 x 11,4 m	2 x 268 kW	Bodan/Zweidecker
MS **Lindau**	1958	182,00 t	430	43,0 x 9,1 m	2 x 228 kW	Bodan/Zweidecker
MS **Mainau**	1973	61,00 t	300	28,0 x 6,0 m	2 x 143 kW	Lux/Halbsalonschiff
MS **München**	1962	386,25 t	1100	57,5 x 12,0 m	2 x 268 kW	Bodan/Dreidecker
MS **Reichenau**	1961	80,20 t	250	34,6 x 7,3 m	1 x 257 kW	Bodan/Halbsalonsch.
MS **Schwaben**	1937	330,00 t	790	56,0 x 11,2 m	2 x 295 kW	Bodan/Dreidecker
MS **Stuttgart**	1960	376,00 t	1050	57,5 x 12,0 m	2 x 268 kW	Bodan/Dreidecker
MS **Überlingen**	1935	337,00 t	1008	56,3 x 11,8 m	2 x 268 kW	Deggendf./Dreidecker*
MS **Uhldingen**	1974	63,50 t	300	29,8 x 6,0 m	2 x 198 kW	Lux/Halbsalonschiff

* Wechselnde Schiffsnamen von MS **Überlingen**
- 1935–45 **Deutschland**
- 1945–49 **Rhine et Danube**
- 1949–52 **Lindau**
- 1952–70 **Deutschland**
- seit 23.5.1970 **Überlingen**

** 1966 auf der Bodan-Werft als **Rorschach** gebaut, am 22. März 1983 umbenannt in **Friedrichshafen**

Quellen- und Literaturverzeichnis

Für dieses Buch wurden, neben eigenem Material, Unterlagen aus folgenden Archiven ausgewertet:

- Badisches Generallandesarchiv Karlsruhe
- Hauptstaatsarchiv Stuttgart
- Stadtarchiv Konstanz
- Stadtarchiv Friedrichshafen
- Archiv der Bodensee-Schiffsbetriebe
- Archiv Fritz, Konstanz
- Sammlung Monika Sonntag, Hagnau

sowie die hier aufgeführten Veröffentlichungen:

Autofähre Konstanz – Meersburg, herausgeben v. Stadtwerke Konstanz 1978

Der Bodensee: Bilder einer Landschaft, Tübingen 1989

Bodensee: Uferbeschreibung, Konstanz 1993

Dieter Bögle: 100 Jahre Hafen Konstanz, Konstanz 1979

Dieter Bögle/Manfred Büsing: 50 Jahre „Allgäu", Konstanz 1979

Die Bundesbahn, Sonderheft zur Vogelfluglinie, Bonn 1963

Werner Deppert: Mit Dampfmaschine und Schaufelrad, Konstanz 1975

Gert Uwe Detlefsen: Die Schiffe der Eisenbahn, Gräfelfing vor München 1993

Deutsche Bundesbahn, Bodensee-Schiffsbetriebe Konstanz: 150 Jahre Schiffahrt auf dem Bodensee und Rhein, Konstanz 1974

Matthias Friese: Auf, unter und über Wasser – 150 Jahre Marine in Deutschland, Asendorf 1997

Karl F. Fritz: Von der Lädin zum Dreideckmotorschiff, Binnenschiffahrt 1981

Karl F. Fritz: Abenteuer Dampfschiffahrt, Meersburg 1989

Artur Fürst: Die Welt auf Schienen, Reprint des Originals von 1918, Stuttgart 2002

Werner Häusler u.a.: Erlebnis Schiffahrt, Konstanz 1992

Claude Jeanmaire: Schiffahrt auf dem Bodensee, Bd. 2: Die Blütezeit der Dampfschiffahrt, Villigen/Aargau 1981

Claude Jeanmaire: Schiffahrt auf dem Bodensee, Bd. 3: Beginn der Motorschiffahrt, Villigen/Aargau 1987

Jürgen Klöckler u.a.: Schwimmende Brücke, Konstanz 2004

Reinhard E. Kloser/Karl F. Fritz: Das Dampfschiff Hohentwiel, Konstanz 1992

Charlotte Kunz u.a.: Mit Dampf und Gloria, Bern 1994

Hermann Missenharter: Baden-Württemberg in ‚Deutschland', Gütersloh 1962

Raddampfer Mainz/Museumsschiff Mannheim: Sonderpublikation der „Gesellschaft zur Förderung des Deutschen Rheinschiffahrtsmuseums e.V.", Mannheim 1986

Rorschacher Neujahrsblatt 1986, S. 11 ff: Fremdenverkehr am Bodensee

Helmut Seitz: Die weiß-blaue Flotte, München 1983

Eigel Wiese: Dampfschiffe, Königswinter 2001

Rolf Zimmermann: Zeppelin NT, Konstanz 2004

Periodika:

Badische Neueste Nachrichten, Karlsruhe, verschied. Jahrgänge

Dampferzeitung, Luzern (Redaktion: K. Hunziker u. Team), verschied. Jahrgänge

Deutsche Verkehrszeitung, Hamburg, verschied. Jahrgänge

Der Modelleisenbahner, Bad Waldsee, verschied. Jahrgänge

Südkurier, Konstanz, verschied. Jahrgänge

VDI-Nachrichten, Düsseldorf, verschied. Jahrgänge

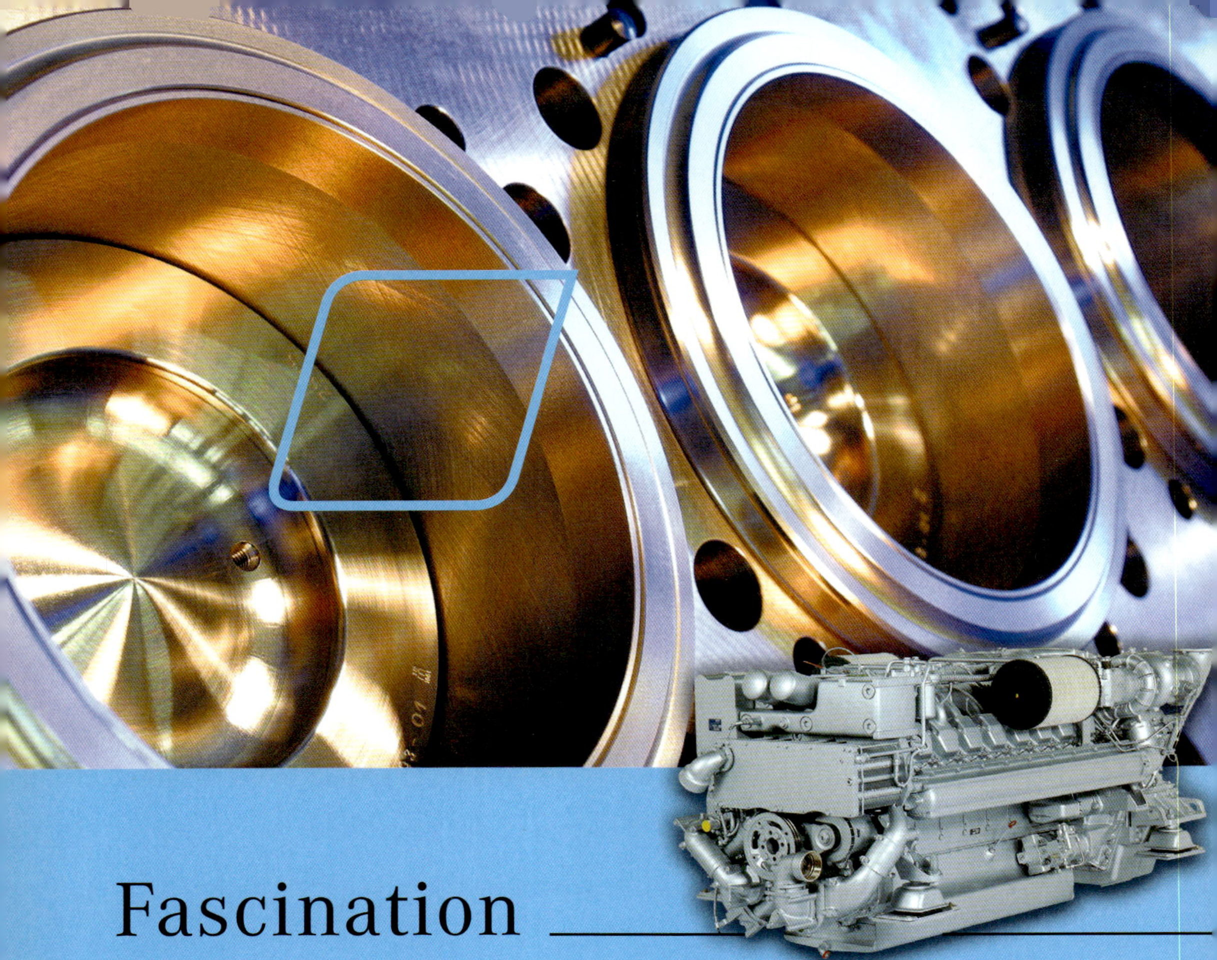